सहानुभूति के बीज

युवा हृदयों में करुणा का संवर्धन

डॉ. मीनाक्षी बंसल

|| समस्त संसार के ज्ञान-प्रेमियों को समर्पित ||

जो सत्य की खोज में, ज्ञान की राह पर अग्रसर हैं।
जिनकी जिज्ञासा कभी थमती नहीं, और जिनका उद्देश्य केवल आत्मविकास ही
नहीं, बल्कि संसार के कल्याण का भी है—यह कृति उन सभी साधकों को सादर
अर्पित है।

क्रम-सूची

क्रम-सूची

प्रार्थना

ॐ भद्रं कर्णेभिः शृणुयाम देवाः।
भद्रं पश्येमाक्षभिर्यजत्राः।
स्थिरैरंगैस्तुष्टुवांसस्तनूभिः।
व्यशेम देवहितं यदायुः।
स्वस्ति न इंद्रो वृद्धश्रवाः।
स्वस्ति नः पूषा विश्ववेदाः।
स्वस्ति नस्ताक्ष्यों अरिष्टनेमिः।
स्वस्ति नो बृहस्पतिर्दधातु।
ॐ शांतिः शांतिः शांतिः।

यह मंत्र सार्वभौमिक कल्याण के लिए प्रार्थना है। इसमें विभिन्न देवताओं से सुरक्षा, स्वास्थ्य और सुख के लिए आशीर्वाद की याचना की गई है। यह मंत्र सभी इंद्रियों से शुभ का अनुभव करने और दिव्य उद्देश्य के साथ जीवन जीने के महत्व को रेखांकित करता है।

इंद्र, पूषा, ताक्ष्र्य (गरुड़) और बृहस्पति की कृपा से यह प्रार्थना जीवन में कल्याण और शांति की कामना करती है। अंत में "ॐ शांतिः शांतिः शांतिः" तीन बार दोहराने का अर्थ है - व्यक्तिगत, पर्यावरणीय, और वैश्विक स्तर पर शांति की गहन कामना। यह मंत्र शांति, समृद्धि और सभी प्राणियों के शारीरिक एवं आध्यात्मिक कल्याण के लिए पाठ किया जाता है।

लेखिका के बारे में

डॉ. मीनाक्षी बंसल, जो भारत की राजधानी दिल्ली में जन्मीं, ने अपनी ज़िंदगी कला, शिक्षा, और समाज कल्याण के प्रति गहरी प्रतिबद्धता के साथ बिताई है। विवाह के बाद, उन्होंने अहमदाबाद, गुजरात को अपना नया निवास स्थान बनाया, जहाँ वे प्रेरणा का स्रोत बनकर उभरीं। डॉ. मीनाक्षी न केवल ललित कला की कुशल कलाकार हैं, बल्कि एक प्रतिष्ठित लेखिका, समर्पित समाजसेविका और मनोविज्ञान की विद्वान शोधकर्ता भी हैं। उनका जीवन, विशेष रूप से समाज के वंचित और पिछड़े बच्चों के उत्थान के प्रति समर्पण, सहभागिता और सहानुभूति की शक्ति में उनके गहरे विश्वास का परिचायक है।

अपने प्रारंभिक दिनों से ही मीनाक्षी ने पढ़ने के प्रति एक अदम्य लगन दिखाई। उनके साहित्यिक संसार में नैतिक कहानियाँ, प्रेरणादायक कथाएँ, और जीवन पाठों से परिपूर्ण पौराणिक गाथाएँ शामिल थीं। यह पढ़ने की आदत केवल व्यक्तिगत विकास के लिए नहीं थी, बल्कि छात्रों और सहकर्मियों के विकास के लिए इन कहानियों के सार को साझा करने की इच्छा से प्रेरित थी। वे विशेष रूप से आदि शंकराचार्य, स्वामी विवेकानंद, डॉ. एपीजे अब्दुल कलाम, महामना पंडित मदन मोहन मालवीय, महात्मा गांधी, सरदार वल्लभभाई पटेल, और विनोबा भावे जैसे ऐतिहासिक और आध्यात्मिक नेताओं के जीवन और शिक्षाओं से प्रभावित थीं। उनके विचार और जीवन कथाएँ मीनाक्षी को दृढ़ता, निःस्वार्थता और ज्ञान की खोज के आदर्शों को अपनाने के लिए प्रेरित करती रहीं।

डॉ. मीनाक्षी का मनोविज्ञान में शैक्षणिक और व्यावहारिक योगदान भी उल्लेखनीय है। एक शोधकर्ता के रूप में, उनका ध्यान मानव मन की जटिलता को समझने और मनोवैज्ञानिक कल्याण और सामाजिक समरसता के लिए संभावनाओं को उजागर करने पर केंद्रित रहा है। उनके सामाजिक कार्यों में, वे अपने अकादमिक ज्ञान को समाज के वंचित वर्गों के जीवन में वास्तविक परिवर्तन लाने के लिए उपयोग करती हैं। उनका समाज सेवा का दृष्टिकोण पारंपरिक ज्ञान और आधुनिक मनोवैज्ञानिक पद्धतियों का अनूठा संयोजन है, जो समाज के बहुआयामी मुद्दों का समाधान करता है।

उनकी कलात्मक प्रतिभाएँ, जो उनके विविध कौशल का एक और पहलू हैं, केवल व्यक्तिगत रुचि तक सीमित नहीं हैं। उनकी कला प्रतीकात्मकता और भावनात्मक गहराई से भरपूर होती है, जो उनके दार्शनिक विचारों और सामाजिक चिंताओं को व्यक्त करती है। उनकी रचनाएँ दर्शकों को उनके बुद्धिमत्ता और करुणा की गहराई में झांकने का अवसर प्रदान करती हैं।

कला और समाज विज्ञान के अतिरिक्त, डॉ. मीनाक्षी ने प्राणिक हीलिंग की उपचार कला में भी महारत हासिल की है, जिसे मास्टर चोआ कोक सुई ने विकसित किया था। यह पद्धति, जो शरीर और आभा को ठीक करने के लिए प्राण या जीवन ऊर्जा के उपयोग पर केंद्रित है, न केवल उनके लिए एक व्यक्तिगत खोज रही है, बल्कि दूसरों को उपचार प्रदान करने का एक माध्यम भी है। प्राणिक हीलिंग में उनकी दक्षता विभिन्न प्रकार के ध्यान सिखाने और अभ्यास के साथ पूरी होती है, जो व्यक्तियों और समुदायों में पुनरुत्थान, व्यक्तिगत विकास और समरसता के संवर्धन पर केंद्रित है।

डॉ. मीनाक्षी का जीवन केवल व्यक्तिगत उपलब्धियों की खोज नहीं है, बल्कि समाज के उत्थान और सशक्तिकरण के प्रति समर्पित एक यात्रा है। उनकी विविध रुचियाँ और प्रतिभाएँ—कला, साहित्य, मनोविज्ञान, और उपचार पद्धतियों को जोड़ती हुई—सेवा के एकमात्र पथ पर केंद्रित हैं। वे उन महान हस्तियों की भावना को आत्मसात करती हैं, जिन्होंने उन्हें प्रेरित किया, और अपने कार्यों और शिक्षाओं के माध्यम से उनकी विरासत को आगे बढ़ाती हैं। अपनी पुस्तकों, कला और सामाजिक पहलों के माध्यम से, वे नई पीढ़ी को आत्म-खोज, दृढ़ता और निःस्वार्थता की यात्रा पर चलने के लिए प्रेरित करती हैं।

समाज कल्याण के प्रति उनकी प्रतिबद्धता, विशेष रूप से वंचित बच्चों के उत्थान पर ध्यान केंद्रित करना, शिक्षा और व्यक्तिगत विकास की परिवर्तनकारी क्षमता की उनकी गहरी समझ को दर्शाती है। मनोविज्ञान, कलात्मक संवेदनशीलता और उपचार पद्धतियों के ज्ञान को जोड़कर, डॉ. बंसल ने एक समग्र दृष्टिकोण विकसित किया है जो न केवल तात्कालिक आवश्यकताओं बल्कि समुदायों की दीर्घकालिक भलाई को भी संबोधित करता है।

एक लेखिका के रूप में, डॉ. मीनाक्षी की रचनाएँ प्रेरणादायक अंतर्दृष्टियों,

व्यावहारिक ज्ञान और उनके विस्तृत अध्ययन और जीवन के अनुभवों से लिए गए चिंतनशील विचारों का मिश्रण प्रस्तुत करती हैं। उनकी पुस्तकें उन लोगों के लिए मार्गदर्शिका के रूप में कार्य करती हैं, जो जीवन की जटिलताओं को अनुग्रह, दृढ़ता और उद्देश्य के साथ नेविगेट करना चाहते हैं। अपनी कहानियों के माध्यम से, वे अपने पाठकों को अपने भीतर की गहराइयों का पता लगाने और समाज की सामूहिक भलाई में अर्थपूर्ण योगदान देने के लिए आमंत्रित करती हैं।

डॉ. मीनाक्षी बंसल में हमें एक अद्वितीय कलाकार, विद्वान, उपचारकर्ता और सामाजिक कार्यकर्ता का अद्भुत समन्वय मिलता है। उनका जीवन कार्य आशा का प्रतीक और दुनिया में बदलाव लाने की इच्छा रखने वाले व्यक्तियों के लिए प्रेरणा का स्रोत है। उनकी कहानी सहानुभूति और मानवता की भलाई के प्रति गहरी प्रतिबद्धता से प्रेरित व्यक्तिगत प्रयासों की शक्ति की एक प्रेरक याद दिलाती है। डॉ. मीनाक्षी की विरासत केवल उनके प्रयासों के ठोस परिणामों में नहीं है, बल्कि उस स्थायी जिज्ञासा, सहानुभूति और सेवा की भावना में है, जिसे वे प्रतिपादित करती हैं।

प्रस्तावना

जब मैंने इस पुस्तक "सहानुभूति के बीज: युवा हृदयों में करुणा को प्रोत्साहन" को लिखने की यात्रा शुरू की, तो मुझे सहानुभूति और करुणा की परिवर्तनकारी शक्ति पर गहरा विश्वास था। एक माँ, शिक्षिका और जीवनभर की शिक्षार्थी के रूप में, मैंने स्वयं देखा है कि इन गुणों का व्यक्तियों, संबंधों और समाज पर कितना गहरा प्रभाव पड़ता है।

मैंने देखा है कि सहानुभूति कैसे विभाजनों को पाट सकती है, घावों को भर सकती है, और एक अधिक न्यायपूर्ण और करुणामय दुनिया का निर्माण कर सकती है।

इस पुस्तक के बीज मेरे अपने अनुभवों की उर्वर भूमि में बोए गए थे, जो मैंने एक माता-पिता और शिक्षिका के रूप में हासिल किए। अपने बच्चों को पालते हुए, मैंने महसूस किया कि बचपन से ही सहानुभूति को पोषित करना कितना महत्वपूर्ण है।

मैंने देखा कि दया, समझ और करुणा के छोटे-छोटे कार्य कैसे उनके हृदय और मस्तिष्क को आकार दे सकते हैं, जो जीवनभर के अर्थपूर्ण संबंधों और समाज में सकारात्मक योगदान के लिए आधार बनाते हैं।

कक्षा में मेरे अनुभवों ने सहानुभूति की शक्ति में मेरे विश्वास को और मजबूत किया। एक शिक्षिका के रूप में, मैंने देखा कि एक देखभाल करने वाला और समावेशी शिक्षण वातावरण कैसे छात्रों में सहानुभूति और करुणा को बढ़ावा दे सकता है, जिससे उनकी शैक्षणिक सफलता, सामाजिक कौशल और उद्देश्य की गहराई में सुधार हो सकता है।

मैंने यह भी देखा कि सहानुभूति की कमी कैसे संघर्ष, गलतफहमी और सामाजिक अलगाव का कारण बन सकती है।

इन अनुभवों के साथ-साथ मनोविज्ञान, तंत्रिका विज्ञान और सामाजिक-भावनात्मक शिक्षा में मेरी गहरी रुचि ने मुझे सहानुभूति और करुणा के विज्ञान को खोजने के लिए प्रेरित किया।

मैंने ऐसे शोध में गहराई से अध्ययन किया, जिसने सहानुभूति के अंतर्निहित तंत्रिका तंत्र, इसके विकास को प्रभावित करने वाले कारकों और हमारे कल्याण और खुशी पर इसके गहन प्रभाव को उजागर किया। मैंने यह भी पाया कि स्कूलों, कार्यस्थलों और समुदायों में सहानुभूति निर्माण कार्यक्रमों की प्रभावशीलता का प्रदर्शन करने वाले साक्ष्यों का खजाना मौजूद है।

अपने शोध और व्यक्तिगत अनुभवों के माध्यम से, मैं इस विश्वास पर पहुँच गई कि सहानुभूति एक स्थिर विशेषता नहीं है, बल्कि एक कौशल है जिसे अभ्यास के माध्यम से विकसित और मजबूत किया जा सकता है। मैंने यह भी महसूस किया कि सहानुभूति का विकास न केवल व्यक्तिगत भलाई के लिए आवश्यक है बल्कि एक अधिक करुणामय और न्यायपूर्ण समाज बनाने के लिए भी महत्वपूर्ण है।

यह पुस्तक मेरी खोज और खोजबीन की यात्रा का समर्पण है। यह माता-पिता, शिक्षकों और उन सभी के लिए एक मार्गदर्शिका है जो अपने भीतर और दूसरों में सहानुभूति और करुणा को पोषित करना चाहते हैं। यह मनोविज्ञान और तंत्रिका विज्ञान में नवीनतम शोध, साथ ही विभिन्न दार्शनिक और आध्यात्मिक परंपराओं की अंतर्दृष्टियों पर आधारित है।

यह बच्चों और वयस्कों में सहानुभूति को विकसित करने के लिए व्यावहारिक रणनीतियाँ और गतिविधियाँ प्रदान करता है, साथ ही यह भी बताता है कि सहानुभूति कैसे मजबूत संबंधों को बनाने, शांति से संघर्षों को सुलझाने और एक अधिक करुणामय दुनिया बनाने में सहायक हो सकती है।

मेरा आशा है कि यह पुस्तक पाठकों को सहानुभूति को अपने जीवन में एक मुख्य मूल्य के रूप में अपनाने के लिए प्रेरित करेगी। मेरा विश्वास है कि स्वयं और अपने बच्चों में सहानुभूति के बीज बोकर, हम करुणा की एक लहर बना सकते हैं जो हमारे परिवारों, समुदायों और अंततः हमारी दुनिया को बदल देगी। यह यात्रा हममें से प्रत्येक के साथ शुरू होती है, एक समय में एक छोटे दयालु कार्य के साथ।

मैं उन कई व्यक्तियों का गहराई से आभारी हूँ जिन्होंने इस यात्रा में मेरा समर्थन किया। मेरे परिवार और दोस्तों, आपके अडिग प्रेम, प्रोत्साहन और समर्थन के लिए धन्यवाद। उन शोधकर्ताओं, शिक्षकों और व्यावसायिकों को, जिन्होंने सहानुभूति

और करुणा की हमारी समझ में योगदान दिया, आपका मूल्यवान मार्गदर्शन और अंतर्दृष्टि के लिए धन्यवाद।

और इस पुस्तक के पाठकों को, इस खोजबीन यात्रा में मेरे साथ जुड़ने के लिए धन्यवाद। यह पुस्तक आपके अपने अधिक सहानुभूतिपूर्ण और करुणामय जीवन की ओर बढ़ने के मार्ग में प्रेरणा और मार्गदर्शन का स्रोत बने।

डॉ. मीनाक्षी बंसल
सामाजिक कार्यकर्ता
अहमदाबाद, गुजरात, भारत

1

सहानुभूति को समझना: करुणा की नींव

सहानुभूति, जिसे अक्सर किसी अन्य व्यक्ति की भावनाओं को समझने और साझा करने की क्षमता के रूप में वर्णित किया जाता है, मानवीय संबंधों का एक मूलभूत स्तंभ और करुणा की आधारशिला है। यह केवल किसी की भावनाओं को पहचानने तक सीमित नहीं है; यह उनकी जगह पर खुद को रखने, उनकी खुशी, उनके दर्द, उनके भय और उनकी आशा को ऐसे महसूस करने के बारे में है जैसे वे हमारे अपने हों। यह भावनात्मक सहानुभूति ही हमें दया, देखभाल और समझ के साथ प्रतिक्रिया करने में सक्षम बनाती है, साझा मानवता की भावना को बढ़ावा देती है जो भिन्नताओं से परे जाकर व्यक्तियों और समुदायों के बीच पुल बनाती है।

सहानुभूति की जड़ें हमारी जीवविज्ञान और सामाजिक विकास में गहराई तक जाती हैं। बचपन से ही, शिशु चेहरे के भावों की नकल करने और अपने देखभाल करने वालों के भावनात्मक संकेतों का जवाब देने की स्वाभाविक क्षमता प्रदर्शित करते हैं। यह प्रारंभिक प्रतिबिंब भावनात्मक समझ और सहानुभूति के विकास की नींव रखता है। जैसे-जैसे बच्चे बढ़ते हैं, वे अवलोकन, सामाजिक बातचीत और व्यक्तिगत अनुभवों के माध्यम से दूसरों की भावनाओं की व्याख्या करना सीखते हैं। ये अनुभव उनके इस समझ को आकार देते हैं कि भावनाएं व्यवहार को कैसे प्रभावित करती हैं और दूसरों की भावनात्मक स्थितियों का उचित तरीके से कैसे जवाब देना है।

सहानुभूति का महत्व अतुलनीय है। यह वह गोंद है जो हमें एक साथ बांधता है, जिससे हम सार्थक संबंध बना सकते हैं, विश्वास स्थापित कर सकते हैं, और प्रभावी ढंग से सहयोग कर सकते हैं। सहानुभूतिपूर्ण व्यक्ति जरूरतमंदों को समर्थन, सांत्वना, और सहायता प्रदान करने की अधिक संभावना रखते हैं, जिससे एक अधिक देखभाल करने वाला और करुणामय समाज बनता है। संघर्ष समाधान के क्षेत्र में, सहानुभूति तनाव कम करने और परस्पर लाभकारी समाधान खोजने में महत्वपूर्ण भूमिका निभाती है। दूसरों के दृष्टिकोण और प्रेरणाओं को समझकर, हम प्रतिद्वंद्वी स्थितियों से आगे बढ़ सकते हैं और सामान्य जमीन की ओर काम कर सकते हैं।

सहानुभूति के व्यक्तिगत कल्याण पर भी गहरे प्रभाव होते हैं। अध्ययन बताते हैं कि जो व्यक्ति सहानुभूति का उच्च स्तर प्रदर्शित करते हैं, वे जीवन संतुष्टि, मजबूत सामाजिक संबंधों और कम तनाव और चिंता का अनुभव करते हैं। सहानुभूति उद्देश्य और अर्थ की भावना को बढ़ावा देती है, क्योंकि हमें एहसास होता है कि हमारे कार्यों का दूसरों के जीवन पर सकारात्मक प्रभाव पड़ सकता है।

जबकि कुछ लोगों में सहानुभूति स्वाभाविक रूप से आती है, यह एक कौशल है जिसे अभ्यास के माध्यम से विकसित और मजबूत किया जा सकता है। सक्रिय सुनना, जिसमें हम वास्तव में वक्ता के संदेश और भावनाओं को समझने पर ध्यान केंद्रित करते हैं, सहानुभूति विकसित करने का एक शक्तिशाली उपकरण है। खुले प्रश्न पूछना, जो हम सुनते हैं उसे प्रतिबिंबित करना, और वक्ता की भावनाओं को मान्यता देना हमारी समझ को गहरा कर सकता है और भावनात्मक अभिव्यक्ति के लिए एक सुरक्षित स्थान बना सकता है।

सहानुभूति विकसित करने का एक अन्य महत्वपूर्ण पहलू दूसरों के जीवन और अनुभवों के प्रति जिज्ञासा को बढ़ावा देना है। साहित्य पढ़ना, फिल्में देखना, और विभिन्न पृष्ठभूमियों के लोगों के साथ बातचीत करना हमारे दृष्टिकोण का विस्तार कर सकता है और हमारी धारणाओं को चुनौती दे सकता है। विभिन्न संस्कृतियों और विश्व दृष्टिकोणों में खुद को डुबोकर, हम मानवता के उन सामान्य सूत्रों को देखना शुरू कर सकते हैं जो हम सभी को जोड़ते हैं।

यह स्वीकार करना महत्वपूर्ण है कि सहानुभूति हमेशा आसान नहीं होती। दूसरों की पीड़ा को देखना भावनात्मक रूप से थकाऊ हो सकता है, और हम उनके दर्द के सामने अभिभूत या असहाय महसूस कर सकते हैं। हालांकि, यह ठीक इन क्षणों में है जब सहानुभूति की सबसे अधिक आवश्यकता होती है। एक सुनने वाला कान, एक सांत्वना देने वाला शब्द, या मदद करने वाले हाथ की पेशकश करके, हम किसी के जीवन में वास्तविक अंतर ला सकते हैं।

सहानुभूति की खेती एक सतत प्रक्रिया है जिसमें धैर्य, आत्म-चिंतन, और सीखने और बढ़ने की इच्छा की आवश्यकता होती है। यह एक ऐसी यात्रा है जो हमें स्वयं, हमारे रिश्तों और हमारे चारों ओर की दुनिया की गहरी समझ की ओर ले जा सकती है। अपने भीतर सहानुभूति के बीजों को पोषित करके, हम करुणा की ऐसी लहर पैदा कर सकते हैं जो हमारे व्यक्तिगत जीवन से कहीं आगे तक फैले, सभी के लिए एक अधिक सामंजस्यपूर्ण और करुणामय दुनिया में योगदान दे।

सहानुभूति वह पुल है जो दिलों को जोड़ता है, जिससे हमें दूसरों की खुशियों और दुखों को समझने और साझा करने की अनुमति मिलती है। यह एक ऐसा उपहार है जो हमारे जीवन को समृद्ध बनाता है और एक अधिक करुणामय दुनिया को बढ़ावा देता है। युवाओं के दिलों में सहानुभूति का पोषण करके, हम एक उज्जवल भविष्य के बीज बोते हैं।

करुणा हो यदि मन में, तो सब कुछ सहज हो जाए,
दूसरों के दुःख को समझो, जीवन में प्रकाश आए।
सहानुभूति की भावना, हर रिश्ते को जोड़ती है,
इसी में मानवता की असली शक्ति छिपी पाई जाए।

2

भावनात्मक बुद्धिमत्ता का पोषण: भावनाओं को पहचानना और व्यक्त करना

भावनात्मक बुद्धिमत्ता, जिसे अक्सर EI के रूप में संक्षिप्त किया जाता है, स्वस्थ संबंधों, व्यक्तिगत कल्याण और जीवन में समग्र सफलता की आधारशिला है। अपने मूल में, भावनात्मक बुद्धिमत्ता में अपनी भावनाओं को पहचानने, समझने और प्रबंधित करने की क्षमता के साथ-साथ दूसरों की भावनाओं के साथ सहानुभूति रखने और उनका प्रबंधन करने की क्षमता शामिल है। यह कौशल का एक समूह है जो हमें अपनी और दूसरों के साथ बातचीत में भावनाओं को प्रभावी ढंग से समझने, उपयोग करने, और प्रबंधित करने की अनुमति देता है। यह क्षमता, हमारे भीतर और हमारे आसपास की भावनात्मक दुनिया को समझने और उसमें सामंजस्य स्थापित करने में, मानव संपर्क की जटिलताओं को नेविगेट करने और एक संतोषजनक जीवन जीने के लिए आवश्यक है।

भावनात्मक बुद्धिमत्ता की यात्रा हमारी अपनी भावनाओं की पहचान और समझ के साथ शुरू होती है। यह आत्म-जागरूकता हमारी आंतरिक भावनात्मक स्थितियों पर ध्यान देने, उन विशिष्ट भावनाओं की पहचान करने, जिन्हें हम अनुभव कर रहे हैं, और उन भावनाओं के अंतर्निहित कारणों को समझने में

शामिल है। इसके लिए हमें अपने शारीरिक संवेदनाओं, विचारों और व्यवहारों के प्रति सतर्क रहने की आवश्यकता है, क्योंकि ये हमारी भावनात्मक स्थिति के बारे में मूल्यवान सुराग प्रदान कर सकते हैं। अपनी भावनाओं के प्रति अधिक जागरूक होकर, हम अपने प्रेरणाओं, मूल्यों और संवेदनशील बिंदुओं के बारे में महत्वपूर्ण जानकारी प्राप्त कर सकते हैं, जो अंततः हमें बेहतर निर्णय लेने और अधिक प्रामाणिक रूप से जीने में मदद कर सकती है।

अपनी भावनाओं को व्यक्त करना भावनात्मक बुद्धिमत्ता का एक और महत्वपूर्ण पहलू है। जब हम अपनी भावनाओं को एक स्वस्थ और रचनात्मक तरीके से व्यक्त करने में सक्षम होते हैं, तो हम अपनी आवश्यकताओं और चिंताओं को अधिक प्रभावी ढंग से संप्रेषित कर सकते हैं, मजबूत संबंध बना सकते हैं और संघर्षों को अधिक शांतिपूर्ण ढंग से सुलझा सकते हैं। इसका मतलब यह नहीं है कि अपनी कुंठाओं को उजागर करना या दूसरों पर नाराजगी जाहिर करना; बल्कि इसका अर्थ है अपनी भावनाओं को इस तरीके से व्यक्त करना जो सम्मानजनक, ईमानदार और हमारे शब्दों और कार्यों के प्रभाव के प्रति जागरूक हो। यह उतना सरल हो सकता है जितना कि कहना, "मैं अभी अभिभूत महसूस कर रहा हूं," या "मैं इस अवसर को लेकर वास्तव में उत्साहित हूं।" अपनी भावनाओं को खुले और ईमानदारी से व्यक्त करके, हम जुड़ाव और समझ के अवसर पैदा करते हैं, जो हमारे संबंधों को मजबूत कर सकते हैं और हमारे समग्र कल्याण में सुधार कर सकते हैं।

भावनात्मक बुद्धिमत्ता में दूसरों के प्रति सहानुभूति रखने की क्षमता भी शामिल है। इसका मतलब है कि किसी अन्य व्यक्ति की भावनाओं को समझने और साझा करने में सक्षम होना, भले ही हमने स्वयं उसी स्थिति का अनुभव न किया हो। सहानुभूति हमें दूसरों की आंखों से दुनिया को देखने, उनके दृष्टिकोण को समझने और करुणा और समझ के साथ प्रतिक्रिया करने की अनुमति देती है। यह खुद को किसी और की जगह पर रखने और यह महसूस करने के बारे में है कि वे क्या महसूस कर रहे होंगे। इस भावनात्मक स्तर पर दूसरों से जुड़ने की यह क्षमता विश्वास बनाने, सहयोग को बढ़ावा देने और एक जुड़ाव की भावना पैदा करने के लिए आवश्यक है।

भावनात्मक बुद्धिमत्ता एक स्थिर गुण नहीं है, बल्कि कौशलों का एक समूह

है जिसे समय के साथ सीखा और विकसित किया जा सकता है। भावनात्मक बुद्धिमत्ता को विकसित करने के कई तरीके हैं, जैसे कि माइंडफुलनेस का अभ्यास करना, आत्म-चिंतन में संलग्न होना, दूसरों से प्रतिक्रिया लेना और अपनी भावनाओं को स्वस्थ तरीकों से नियंत्रित करना सीखना। यह याद रखना भी महत्वपूर्ण है कि भावनात्मक बुद्धिमत्ता एक जीवन भर की यात्रा है, और हमेशा विकास और सुधार के लिए जगह होगी।

भावनात्मक बुद्धिमत्ता के लाभ असंख्य और व्यापक हैं। उच्च भावनात्मक बुद्धिमत्ता वाले व्यक्ति अपने व्यक्तिगत और पेशेवर जीवन में अधिक सफल होते हैं। वे तनाव को बेहतर तरीके से प्रबंधित करने, मजबूत संबंध बनाने, संघर्षों को सुलझाने और ठोस निर्णय लेने में सक्षम होते हैं। वे चुनौतियों और असफलताओं का सामना करने में अधिक लचीले होते हैं। कार्यस्थल में, भावनात्मक बुद्धिमत्ता को नेतृत्व की प्रभावशीलता और टीम के प्रदर्शन में एक प्रमुख कारक के रूप में तेजी से पहचाना जा रहा है।

भावनात्मक बुद्धिमत्ता का पोषण अपने आप में और हमारे संबंधों में एक निवेश है। यह एक उपहार है जिसे हम स्वयं और अपने आस-पास की दुनिया को दे सकते हैं। अपनी भावनाओं को पहचानकर और व्यक्त करके, दूसरों के प्रति सहानुभूति रखकर और अपनी भावनाओं को स्वस्थ तरीकों से प्रबंधित करना सीखकर, हम अपने लिए और अपने आस-पास के लोगों के लिए एक अधिक करुणामय, जुड़ा हुआ और संतोषजनक जीवन बना सकते हैं।

भावनात्मक बुद्धिमत्ता वह मार्गदर्शक है जो हमें मानवीय भावनाओं के जटिल परिदृश्य के माध्यम से दिशा देती है। यह हमें अपनी भावनाओं को नेविगेट करने और दूसरों की भावनाओं को समझने के लिए सशक्त बनाती है, मजबूत संबंधों का निर्माण करती है और एक अधिक सामंजस्यपूर्ण समाज को बढ़ावा देती है।

जब दिल किसी और के दर्द को अपना समझे,
तो करुणा के बीज स्वतः ही पनपने लगते हैं।
युवा मन को संवेदनशील बनाओ,
तो वो समाज में उजास भरने लगते हैं।

3

सक्रिय सुनने की शक्ति: वास्तव में दूसरों को सुनना

सक्रिय सुनना, प्रभावी संवाद और सहानुभूतिपूर्ण जुड़ाव का एक महत्वपूर्ण स्तंभ, केवल शब्दों को सुनने की क्रिया से कहीं आगे जाता है। यह पूरी तरह से किसी अन्य व्यक्ति के साथ जुड़ने की एक सचेत और जानबूझकर की गई प्रक्रिया है, जिसमें उनके संदेश, भावनाओं और दृष्टिकोण को समझना शामिल है। सक्रिय सुनना निष्क्रिय नहीं है; यह हमारी पूरी ध्यान क्षमता, सहानुभूति और अपनी पूर्वधारणाओं और धारणाओं को एक तरफ रखने की तत्परता की मांग करता है। यह एक कौशल है जिसे विकसित और परिष्कृत किया जा सकता है, और हमारे संबंधों और दूसरों को समझने पर इसका प्रभाव गहरा है।

सक्रिय सुनने के केंद्र में यह समझ है कि संवाद एक द्विपक्षीय प्रक्रिया है। यह केवल वक्ता के उनके संदेश को संप्रेषित करने के बारे में नहीं है; यह श्रोता के सक्रिय रूप से बातचीत में भाग लेने, सच्ची रुचि प्रदर्शित करने और कहे जा रहे शब्दों की बारीकियों को समझने के लिए प्रयास करने के बारे में भी है। इसके लिए हमें वर्तमान क्षण में पूरी तरह उपस्थित होने, विकर्षणों से मुक्त होने, और वक्ता के शब्दों, स्वर, चेहरे के भावों और शारीरिक भाषा पर ध्यान केंद्रित करने की आवश्यकता है।

सक्रिय सुनने में कई महत्वपूर्ण घटक शामिल होते हैं। सबसे पहले और सबसे महत्वपूर्ण, यह ध्यान देने की आवश्यकता है। इसका अर्थ है अपनी चिंताओं और विचारों को एक तरफ रखना, अपनी आंतरिक संवाद को शांत करना और वक्ता पर अपना पूरा ध्यान केंद्रित करना। इसका मतलब है कि आंखों का संपर्क बनाए रखना, सिर हिलाकर स्वीकार करना और "हम्म" या "मैं समझ रहा हूं" जैसे मौखिक संकेतों का उपयोग करना यह दर्शाने के लिए कि हम उनके साथ बने हुए हैं। इसका मतलब यह भी है कि वक्ता को बाधित करने या उनके वाक्य पूरे करने से बचना चाहिए, क्योंकि इससे उनकी विचार प्रक्रिया बाधित हो सकती है और उन्हें सुने जाने की भावना को कमजोर कर सकता है।

सक्रिय सुनने का एक और महत्वपूर्ण पहलू यह है कि हम जो सुनते हैं उसे वापस प्रतिबिंबित करें। यह पैराफ्रेसिंग के माध्यम से किया जा सकता है, जिसमें हम वक्ता के संदेश को अपने शब्दों में संक्षेप करते हैं, या उनकी भावनाओं को प्रतिबिंबित करते हैं, जिसमें उनकी भावनाओं को मान्यता और स्वीकृति दी जाती है। जो हम सुनते हैं उसे वापस प्रतिबिंबित करना कई उद्देश्यों की पूर्ति करता है। यह वक्ता को यह प्रदर्शित करता है कि हम उनकी बात सुन रहे हैं और उनके संदेश को समझ रहे हैं। यह किसी भी गलतफहमी या गलत व्याख्या को स्पष्ट करने की अनुमति देता है। और यह वक्ता को उनके विचारों और भावनाओं को और गहराई से व्यक्त करने का अवसर प्रदान करता है, जिससे बातचीत गहरी होती है और श्रोता और वक्ता के बीच संबंध मजबूत होते हैं।

सक्रिय सुनने में खुले प्रश्न पूछना भी शामिल है। ये ऐसे प्रश्न होते हैं जिनका उत्तर केवल "हाँ" या "नहीं" में नहीं दिया जा सकता, बल्कि ये वक्ता को उनके विचारों, भावनाओं और अनुभवों के बारे में अधिक साझा करने के लिए आमंत्रित करते हैं। खुले प्रश्न हमें वक्ता के दृष्टिकोण को गहराई से समझने, छिपी हुई प्रेरणाओं या चिंताओं को उजागर करने और उन्हें अपने विचारों और भावनाओं का गहनता से पता लगाने के लिए प्रेरित कर सकते हैं।

गैर-मौखिक संचार सक्रिय सुनने में एक महत्वपूर्ण भूमिका निभाता है। हमारी शारीरिक भाषा, चेहरे के भाव और स्वर हमारे शब्दों से उतना ही, यदि अधिक नहीं, तो संप्रेषित कर सकते हैं। जब हम सक्रिय रूप से सुन रहे होते हैं, तो हमें खुली और आमंत्रित करने वाली शारीरिक भाषा बनाए रखने का प्रयास करना चाहिए, जैसे

कि वक्ता की ओर झुकना, सिर हिलाना और आंखों का संपर्क बनाना। हमें अपने चेहरे के भावों के प्रति भी सतर्क रहना चाहिए, यह सुनिश्चित करते हुए कि हम सहानुभूति, रुचि और समझ व्यक्त करते हैं।

सक्रिय सुनना रिश्ते बनाने, संघर्षों को सुलझाने और समझ को बढ़ावा देने का एक शक्तिशाली उपकरण है। जब हम वास्तव में दूसरों को सुनते हैं, तो हम उनके अनुभवों को मान्यता देते हैं, उनकी भावनाओं को स्वीकार करते हैं, और उन्हें खुद को व्यक्त करने के लिए एक सुरक्षित स्थान प्रदान करते हैं। यह गहरे संबंधों, बढ़े हुए विश्वास और अधिक प्रभावी संवाद की ओर ले जा सकता है। संघर्ष समाधान के संदर्भ में, सक्रिय सुनना हमें अंतर्निहित मुद्दों को समझने, सामान्य आधारों की पहचान करने और पारस्परिक रूप से सहमत समाधानों की दिशा में काम करने में मदद कर सकता है।

बेशक, सक्रिय सुनना हमेशा आसान नहीं होता। अपनी पूर्वधारणाओं और धारणाओं को एक तरफ रखना, बाधित करने या सलाह देने की इच्छा का विरोध करना, और वास्तव में सुनना कि दूसरों को क्या कहना है, खासकर जब हम उनसे असहमत हों, चुनौतीपूर्ण हो सकता है। हालांकि, सक्रिय सुनने के लाभ इन चुनौतियों से कहीं अधिक हैं। अपने सक्रिय सुनने के कौशल को निखार कर, हम बेहतर संप्रेषक, अधिक सहानुभूतिपूर्ण मित्र और साथी, और अधिक प्रभावी नेता बन सकते हैं। हम मजबूत संबंध बना सकते हैं, संघर्षों को अधिक शांतिपूर्वक हल कर सकते हैं और एक अधिक समझदार और करुणामय दुनिया बना सकते हैं।

सक्रिय सुनना वह कुंजी है जो गहरी समझ और जुड़ाव के द्वार को खोलती है। यह एक ऐसा कौशल है जो केवल सुनने से परे जाता है और हमें वास्तव में दूसरों की आवाजें सुनने की अनुमति देता है, जिससे सहानुभूति और करुणा के फलने-फूलने के लिए जगह बनती है।

सहानुभूति कोई कमजोरी नहीं, यह शक्ति का प्रमाण है,
यह दूसरों की पीड़ा को समझने का सम्मान है।
करुणा से भरा हृदय, सबसे सुंदर रचना है,
जो हर घाव पर मरहम का काम करता है।

4

दया सिखाना: हर दिन करुणा के सरल कार्य

दया, एक सरल लेकिन गहन गुण, जीवन को बदलने, टूटे हुए दिलों को जोड़ने और विभाजनों को पाटने की शक्ति रखती है। यह एक अधिक करुणामय और सामंजस्यपूर्ण दुनिया को बढ़ावा देने में एक आवश्यक तत्व है। विशेष रूप से बच्चों को दया सिखाना केवल नियमों या व्यवहारों का एक सेट सिखाने के बारे में नहीं है; यह एक मानसिकता विकसित करने के बारे में है, दुनिया में जीने का एक ऐसा तरीका जो सहानुभूति, करुणा और उदारता को महत्व देता है। यह सभी प्राणियों की परस्परता को पहचानने और यह समझने के बारे में है कि हमारे कार्य, चाहे कितने ही छोटे क्यों न हों, दूसरों के जीवन पर प्रभाव डाल सकते हैं।

दया के बीज अनगिनत तरीकों से बोए जा सकते हैं, रोज़मर्रा के करुणा भरे कार्यों के माध्यम से जो पहली नजर में महत्वहीन लग सकते हैं, लेकिन सामूहिक रूप से देखभाल और समर्थन की एक संस्कृति बनाते हैं। ये दया के कार्य बड़े प्रयासों या उदारता के विस्तृत प्रदर्शनों तक सीमित नहीं हैं; वे उतने ही सरल हो सकते हैं जितने कि किसी के लिए दरवाजा खोलना, एक सच्ची मुस्कान देना, या जरूरतमंद दोस्त की बात ध्यान से सुनना। वे हमारे परिवार, पड़ोसियों और समुदायों के लिए की गई छोटी-छोटी सेवाओं में पाए जा सकते हैं, जैसे किसी बुजुर्ग व्यक्ति को उनके किराने के सामान उठाने में मदद करना, स्थानीय आश्रय में समय देना, या किसी अजनबी के प्रति एक दयालु शब्द कहना।

दया सिखाने के सबसे प्रभावशाली तरीकों में से एक उदाहरण प्रस्तुत करना है। बच्चे स्पंज की तरह होते हैं, अपने आस-पास के वयस्कों के व्यवहार और दृष्टिकोण को आत्मसात करते हैं। जब वे अपने माता-पिता, शिक्षकों और अन्य आदर्शों को उनके दैनिक जीवन में दया का प्रदर्शन करते हुए देखते हैं, तो वे उन मूल्यों को आत्मसात करने और अपने व्यवहार में शामिल करने की अधिक संभावना रखते हैं। यह दया का उदाहरण विभिन्न रूपों में हो सकता है, साधारण शिष्टाचार और सम्मान के कार्यों से लेकर उदारता और करुणा के अधिक गहन प्रदर्शनों तक। यह उतना ही सरल हो सकता है जितना कि माता-पिता द्वारा बच्चे को एक अवधारणा धैर्यपूर्वक समझाना, या उतना ही स्पष्ट हो सकता है जितना कि एक शिक्षक का संघर्षरत छात्र की मदद के लिए अतिरिक्त प्रयास करना।

दया सिखाने का एक और प्रभावी तरीका कहानी सुनाना है। कहानियों में हमारी कल्पना को आकर्षित करने, भावनाओं को जागृत करने और हमें कार्य करने के लिए प्रेरित करने की अनूठी क्षमता होती है। दया और करुणा की कहानियाँ साझा करके, हम बच्चों को यह समझने में मदद कर सकते हैं कि उनके कार्यों का दूसरों पर क्या प्रभाव हो सकता है। हम उन्हें उन प्रेरणादायक व्यक्तियों से परिचित करा सकते हैं जिन्होंने अपना जीवन दूसरों की मदद के लिए समर्पित कर दिया, जैसे मदर टेरेसा, महात्मा गांधी, या मार्टिन लूथर किंग जूनियर। हम व्यक्तिगत अनुभव भी साझा कर सकते हैं, जब हमने दया के कार्यों का गवाह बना या अनुभव किया, और उन सकारात्मक भावनाओं और परिणामों को उजागर कर सकते हैं जो इससे उत्पन्न हुए।

दया सिखाने में बच्चों में सहानुभूति विकसित करना भी शामिल है, जो दूसरों की भावनाओं को समझने और साझा करने की क्षमता है। इसे भूमिका निभाने वाले अभ्यासों के माध्यम से किया जा सकता है, जिसमें बच्चों से किसी अन्य व्यक्ति की जगह पर खुद को रखने और यह कल्पना करने के लिए कहा जाता है कि वे कैसा महसूस कर सकते हैं। इसे विभिन्न दृष्टिकोणों और अनुभवों पर चर्चा के माध्यम से भी प्रोत्साहित किया जा सकता है, बच्चों को दूसरों की दृष्टि से दुनिया को देखने के लिए प्रेरित करते हुए। सहानुभूति विकसित करके, हम बच्चों को यह समझने में मदद कर सकते हैं कि उनके कार्यों का दूसरों पर क्या प्रभाव पड़ सकता है, जिससे अधिक करुणामय और विचारशील व्यवहार पैदा होता है।

बच्चों को दया के कार्यों में भाग लेने के लिए प्रोत्साहित करना भी एक शक्तिशाली शिक्षण अनुभव हो सकता है। इसमें स्थानीय चैरिटी में स्वयंसेवा करना, जरूरतमंद पड़ोसी की मदद करना, या अजनबियों के लिए याद्दच्छिक दयालुता के कार्य करना शामिल हो सकता है। दया के कार्यों में सक्रिय रूप से भाग लेकर, बच्चे व्यक्तिगत रूप से देने की खुशी और अपने आस-पास की दुनिया पर सकारात्मक प्रभाव डालने के अनुभव का आनंद ले सकते हैं। वे यह भी महसूस कर सकते हैं कि उनके पास फर्क करने की क्षमता है, चाहे वह कितना ही छोटा क्यों न हो।

दया सिखाना एक बार की घटना नहीं है, बल्कि एक सतत प्रक्रिया है जिसमें धैर्य, निरंतरता और रचनात्मकता की आवश्यकता होती है। यह हमारे घरों, स्कूलों और समुदायों में दया की संस्कृति बनाने के बारे में है, जहाँ करुणा को महत्व दिया जाता है और उसका जश्न मनाया जाता है। यह बच्चों को सकारात्मक बदलाव के एजेंट बनने के लिए सशक्त बनाने के बारे में है, जो अपनी दया का उपयोग दूसरों को ऊपर उठाने और दुनिया को एक बेहतर जगह बनाने के लिए करते हैं।

दया वह भाषा है जो दिल से बात करती है, एक ऐसी भाषा जो सभी बाधाओं को पार करती है और हमें हमारी साझा मानवता में एकजुट करती है। बच्चों को दया सिखाकर, हम उन्हें करुणा की ऐसी लहर पैदा करने के लिए सशक्त बनाते हैं, जो दुनिया को बदल सकती है।

करुणा वह दीप है, जो अंधेरे दिलों में रोशनी लाता है,
युवाओं को दिशा देता है, और सच्चा पथ दिखाता है।
दूसरों की पीड़ा को समझो, यही इंसानियत की मिसाल है,
इसी से समाज में बनती सच्ची नकल नहीं मिसाल है।

5

मजबूत संबंध बनाना: सहानुभूति के माध्यम से जुड़ाव

सहानुभूति, जिसे अक्सर किसी अन्य व्यक्ति की भावनाओं को समझने और साझा करने की क्षमता के रूप में वर्णित किया जाता है, मजबूत संबंधों को बनाने और बनाए रखने में एक महत्वपूर्ण कड़ी के रूप में कार्य करती है। यह केवल किसी की भावनाओं को समझने का एक मानसिक कार्य नहीं है; यह एक भावनात्मक जुड़ाव है जो हमें गहराई से दूसरों के साथ जुड़ने की अनुमति देता है। सहानुभूति के माध्यम से यह जुड़ाव विश्वास, निकटता और परस्पर समझ को बढ़ावा देता है, जो सार्थक और स्थायी संबंधों की नींव बनाता है।

अपने मूल में, सहानुभूति हमें दूसरों की दृष्टि से दुनिया को देखने में सक्षम बनाती है। इसमें उनकी जगह पर खुद को रखना, उनकी खुशियों और दुखों, उनके भय और आशाओं को महसूस करना शामिल है, जैसे वे हमारे अपने हों। यह भावनात्मक जुड़ाव पृष्ठभूमि, संस्कृति, या अनुभवों में अंतर को पार करता है, साझा मानवता की भावना पैदा करता है जो हमें एक साथ जोड़ती है। जब हम दूसरों के साथ सहानुभूति रखते हैं, तो हम न केवल उनकी भावनाओं को समझते हैं बल्कि उनके अनुभवों को मान्यता भी देते हैं, जिससे उन्हें यह महसूस होता है कि वे देखे, सुने और समझे जा रहे हैं।

यह मान्यता विश्वास बनाने में एक महत्वपूर्ण तत्व है। जब हमें लगता है कि कोई वास्तव में हमें समझता है, तो हम अधिक संभावना रखते हैं कि हम उनके साथ खुलें, अपनी कमजोरियों को साझा करें, और उन पर भरोसा करें। यह खुलेपन का स्तर अधिक गहरी निकटता को बढ़ावा देता है, व्यक्तियों के बीच बंधन को मजबूत करता है और अधिक अर्थपूर्ण संबंध के लिए मार्ग प्रशस्त करता है। सहानुभूति संघर्ष समाधान में भी महत्वपूर्ण भूमिका निभाती है। जब असहमति उत्पन्न होती है, तो सहानुभूति हमें दूसरों की अंतर्निहित आवश्यकताओं और चिंताओं को समझने की अनुमति देती है, जिससे अधिक रचनात्मक संवाद और परस्पर सहमत समाधान मिलते हैं।

रोमांटिक संबंधों में, सहानुभूति भावनात्मक सुरक्षा और निकटता की भावना पैदा करने के लिए आवश्यक है। जो साथी एक-दूसरे के साथ सहानुभूति रखते हैं, वे अधिक संभावना रखते हैं कि वे प्यार, समर्थन और मूल्यवान महसूस करें। यह भावनात्मक जुड़ाव संबंध के लिए एक मजबूत आधार बनाता है, जो जोड़ों को चुनौतियों का सामना करने, सफलताओं का जश्न मनाने और समय के साथ मिलकर बढ़ने में सक्षम बनाता है। सहानुभूति यौन निकटता को बढ़ावा देने में भी मदद करती है, क्योंकि जो साथी एक-दूसरे की भावनात्मक आवश्यकताओं को समझते और प्रतिक्रिया देते हैं, वे अपने यौन संबंधों में अधिक जुड़ाव और संतोष का अनुभव करते हैं।

मित्रता में, सहानुभूति जुड़ाव और साथीपन की भावना पैदा करती है। जो मित्र एक-दूसरे के साथ सहानुभूति रखते हैं, वे जरूरत पड़ने पर समर्थन, प्रोत्साहन और एक सुनने वाले कान की पेशकश करने की अधिक संभावना रखते हैं। यह भावनात्मक समर्थन दोस्तों के बीच बंधन को मजबूत करता है, जिससे उनके लिए अपनी खुशियों और दुखों, आशाओं और सपनों को साझा करने के लिए एक सुरक्षित स्थान बनता है। सहानुभूति गलतफहमियों और संघर्षों को रोकने में भी मदद करती है, क्योंकि जो मित्र एक-दूसरे के दृष्टिकोण को समझते हैं, वे चीजों को व्यक्तिगत रूप से लेने या निष्कर्ष पर पहुंचने की संभावना कम रखते हैं।

सहानुभूति व्यावसायिक संबंधों में भी महत्वपूर्ण भूमिका निभाती है। जो नेता सहानुभूति प्रदर्शित करते हैं, वे अपने कर्मचारियों में विश्वास और वफादारी को प्रेरित करने की अधिक संभावना रखते हैं। अपनी टीम के सदस्यों की जरूरतों

और चिंताओं को समझकर, सहानुभूति रखने वाले नेता अधिक सकारात्मक और उत्पादक कार्य वातावरण बना सकते हैं। इसके परिणामस्वरूप नौकरी की संतुष्टि में वृद्धि, प्रदर्शन में सुधार और कर्मचारियों के छोड़ने की दर में कमी हो सकती है।

सहानुभूति केवल यह महसूस करने के बारे में नहीं है कि अन्य क्या महसूस करते हैं; यह करुणा और समझ के साथ प्रतिक्रिया करने के बारे में भी है। जब हम किसी के साथ सहानुभूति रखते हैं, तो हम समर्थन, प्रोत्साहन और मदद का हाथ बढ़ाने की अधिक संभावना रखते हैं। यह करुणामय प्रतिक्रिया न केवल संबंध को मजबूत करती है बल्कि अधिक देखभाल करने वाले और सहायक समुदाय में भी योगदान देती है।

हालांकि कुछ लोगों में सहानुभूति स्वाभाविक रूप से आती है, यह एक कौशल है जिसे अभ्यास के माध्यम से विकसित और मजबूत किया जा सकता है। सक्रिय सुनना, जहाँ हम वास्तव में वक्ता के संदेश और भावनाओं को समझने पर ध्यान केंद्रित करते हैं, सहानुभूति विकसित करने का एक शक्तिशाली उपकरण है। खुले प्रश्न पूछना, जो हम सुनते हैं उसे प्रतिबिंबित करना, और वक्ता की भावनाओं को मान्यता देना हमारी समझ को गहरा कर सकता है और भावनात्मक अभिव्यक्ति के लिए एक सुरक्षित स्थान बना सकता है।

सहानुभूति की खेती एक सतत प्रक्रिया है जिसमें धैर्य, आत्म-चिंतन, और सीखने और बढ़ने की इच्छा की आवश्यकता होती है। यह एक ऐसी यात्रा है जो हमें गहरे संबंधों, अधिक समझ, और अधिक संतोषजनक संबंधों की ओर ले जा सकती है। अपने भीतर सहानुभूति के बीजों को पोषित करके, हम करुणा की ऐसी लहर पैदा कर सकते हैं जो हमारे व्यक्तिगत जीवन से कहीं आगे तक फैले, सभी के लिए एक अधिक सामंजस्यपूर्ण और करुणामय दुनिया में योगदान दे।

खेल जीवन का कक्षा है, जहाँ बच्चे खोज करना, निर्माण करना और दूसरों के साथ जुड़ना सीखते हैं। यह बचपन का एक आनंदमय और अनिवार्य हिस्सा है जो सहानुभूति, रचनात्मकता और लचीलापन को बढ़ावा देता है। खेल को महत्व देकर, हम युवा दिलों में करुणा के बीजों का पोषण करते हैं।

सहानुभूति वह पुल है, जो दिलों को जोड़ता है,
जो भेदभाव को मिटाकर प्रेम का बीज बोता है।
युवा जब करुणा अपनाते हैं,
तो एक नया युग संवारते हैं।

6

संघर्षों का शांतिपूर्ण समाधान: जीत-जीत समाधान ढूंढना

संघर्ष मानवीय संपर्क का अवश्यंभावी हिस्सा है। चाहे वह दोस्तों के बीच असहमति हो, सहकर्मियों के बीच विवाद हो, या राष्ट्रों के बीच टकराव हो, संघर्ष राय, मूल्यों, हितों या आवश्यकताओं के अंतर से उत्पन्न होता है। संघर्ष असुविधाजनक और चुनौतीपूर्ण हो सकता है, लेकिन यह विनाशकारी होना आवश्यक नहीं है। वास्तव में, जब संघर्ष को रचनात्मक रूप से देखा जाए, तो यह विकास, समझ और सकारात्मक बदलाव का एक अवसर हो सकता है। संघर्षों का शांतिपूर्ण समाधान और जीत-जीत समाधान ढूंढना एक महत्वपूर्ण कौशल है जो असहमतियों को सहयोग और परस्पर लाभ के अवसरों में बदल सकता है।

संघर्षों को शांतिपूर्वक सुलझाने की कुंजी हमारी दृष्टिकोण को प्रतिस्पर्धा से सहयोग में बदलने में है। संघर्ष को जीतने या हारने की लड़ाई के रूप में देखने के बजाय, हम इसे एक समस्या के रूप में देख सकते हैं जिसे मिलकर सुलझाना है। इसके लिए दूसरे व्यक्ति के दृष्टिकोण को सुनने और समझने, उनकी भावनाओं और आवश्यकताओं को मान्यता देने और उन समाधानों की तलाश करने की आवश्यकता होती है जो सभी पक्षों के हितों को पूरा करते हों।

संघर्षों को शांतिपूर्ण तरीके से हल करने के सबसे प्रभावी तरीकों में से एक है खुला

और ईमानदार संवाद। इसका मतलब है अपनी सोच और भावनाओं को स्पष्ट और सम्मानपूर्वक व्यक्त करना, साथ ही दूसरे व्यक्ति के दृष्टिकोण को सक्रिय रूप से सुनना और स्वीकार करना। दोषारोपण, आरोप लगाने या निर्णय करने से बचना महत्वपूर्ण है, क्योंकि ये व्यवहार संघर्ष को बढ़ा सकते हैं और विभाजन को और गहरा कर सकते हैं। इसके बजाय, हमें अंतर्निहित मुद्दों की पहचान करने, सामान्य आधार तलाशने और संभावित समाधानों पर विचार करने पर ध्यान केंद्रित करना चाहिए।

संघर्ष समाधान का एक अन्य महत्वपूर्ण पहलू समझौता करने की इच्छा है। इसका अर्थ अपनी आवश्यकताओं या मूल्यों को छोड़ना नहीं है; बल्कि, इसका अर्थ है ऐसा मध्यम मार्ग खोजना जो सभी पक्षों के हितों को संतोषजनक रूप से पूरा करता हो। समझौता करने के लिए लचीलापन, रचनात्मकता, और कठोर स्थितियों को छोड़ने की तत्परता की आवश्यकता होती है। यह भी स्वीकार करना आवश्यक है कि संघर्ष में शामिल प्रत्येक व्यक्ति का कुछ मूल्यवान योगदान होता है, और अक्सर सर्वश्रेष्ठ समाधान एक सहयोगात्मक प्रयास से उभरते हैं।

जीत-जीत समाधान ढूंढना शांतिपूर्ण संघर्ष समाधान का एक प्रमुख सिद्धांत है। जीत-जीत समाधान वे होते हैं जो शामिल सभी पक्षों की आवश्यकताओं और हितों को पूरा करते हैं, न कि एक पक्ष को दूसरे पर प्राथमिकता देते हैं। ये समाधान अधिक स्थायी और संतोषजनक होते हैं, क्योंकि ये संघर्ष के मूल कारणों को संबोधित करते हैं और साझा स्वामित्व और जिम्मेदारी की भावना पैदा करते हैं।

जीत-जीत समाधान की पहचान करने का एक तरीका है जिसे रुचि-आधारित वार्ता के रूप में जाना जाता है। यह दृष्टिकोण प्रत्येक पक्ष के अंतर्निहित हितों की पहचान पर केंद्रित है, न कि उनके घोषित पदों पर। उदाहरण के लिए, दो पड़ोसियों के बीच एक शोर करने वाले कुत्ते पर संघर्ष में, एक पड़ोसी की रुचि शांति और शांति हो सकती है और दूसरे की साथी की इच्छा। इन अंतर्निहित हितों को समझकर, ऐसा समाधान खोजना संभव हो सकता है जो दोनों पक्षों को संतुष्ट करे, जैसे कि यह सहमत होना कि कुत्ता बाहर कब हो सकता है या साथी के लिए वैकल्पिक समाधान तलाशना।

संघर्षों को शांतिपूर्वक हल करने के लिए एक अन्य महत्वपूर्ण उपकरण मध्यस्थता

है। मध्यस्थता एक प्रक्रिया है जहां एक तटस्थ तीसरा पक्ष संघर्ष में शामिल पक्षों के बीच संचार और बातचीत को सुविधाजनक बनाने में मदद करता है। मध्यस्थ सक्रिय रूप से सुनने, गलतफहमियों को स्पष्ट करने और पक्षों को सामान्य आधार खोजने में मदद करने के लिए प्रशिक्षित होते हैं। वे भावनाओं को कम करने और संवाद के लिए एक सुरक्षित स्थान बनाने में भी मदद कर सकते हैं।

संघर्षों को शांतिपूर्वक हल करना हमेशा आसान नहीं होता, लेकिन यह हमेशा प्रयास के लायक होता है। सहानुभूति, खुले संवाद और समझौता करने की इच्छा के साथ संघर्ष का सामना करके, हम असहमतियों को विकास, समझ और सकारात्मक बदलाव के अवसरों में बदल सकते हैं। हम मजबूत संबंध बना सकते हैं, अधिक सामंजस्यपूर्ण समुदाय बना सकते हैं, और एक अधिक शांतिपूर्ण और न्यायपूर्ण दुनिया में योगदान कर सकते हैं।

कहानियाँ आत्मा की खिड़कियाँ होती हैं, जो हमें दूसरों के जीवन और अनुभवों की एक झलक प्रदान करती हैं। उनमें हमारी कल्पना को प्रेरित करने, हमारी भावनाओं को जागृत करने और हमें सहानुभूति और करुणा के साथ कार्य करने के लिए प्रेरित करने की शक्ति होती है। कहानियाँ साझा करके, हम समझ की एक ऐसी बुनावट रचते हैं जो हम सभी को जोड़ती है।

हर युवा दिल में दया का दीप जलाना है,
दूसरों की पीड़ा को अपना बनाना है।
तभी तो सच्चे नेता, मार्गदर्शक और साथी बनते हैं,
जो प्रेम और करुणा से जीवन संवारते हैं।

7

विविधता का उत्सव: हमारे अंतर को सराहना

विविधता, विभिन्न संस्कृतियों, जातीयताओं, विश्वासों, अनुभवों और दृष्टिकोणों के धागों से बुनी एक जीवंत परंपरा, हमारे संसार को अनगिनत तरीकों से समृद्ध करती है। यह हमारी विशिष्ट पहचान का उत्सव है और उस मूल्य की मान्यता है जो प्रत्येक व्यक्ति सामूहिक मानव अनुभव में जोड़ता है। हमारे अंतर को सराहना, समावेशिता को बढ़ावा देना और विविधता को अपनाना केवल नैतिक अनिवार्यता नहीं है; यह मजबूत समुदायों के निर्माण, नवाचार को बढ़ावा देने और एक अधिक समान और न्यायपूर्ण समाज बनाने के लिए आवश्यक है।

अपने मूल में, विविधता हर व्यक्ति की अंतर्निहित योग्यता को पहचानने और महत्व देने के बारे में है, चाहे उनकी पृष्ठभूमि, जाति, जातीयता, लिंग, यौन अभिविन्यास, धर्म, या क्षमता कोई भी हो। यह इस बात को स्वीकार करने के बारे में है कि हमारे अंतर डरने या दबाने के लिए नहीं हैं, बल्कि उन्हें ताकत और लचीलापन के स्रोत के रूप में गले लगाने और मनाने के लिए हैं। जब हम विविधता को महत्व देते हैं, तो हम खुद को संभावनाओं की दुनिया के लिए खोलते हैं, अपने दृष्टिकोण का विस्तार करते हैं और अपनी धारणाओं को चुनौती देते हैं।

विविधता का उत्सव समावेशिता की संस्कृति को बढ़ावा देने से शुरू होता है, जहाँ हर कोई स्वागत योग्य, सम्मानित और अपनी पहचान के लिए मूल्यवान महसूस करता है। इसका अर्थ है ऐसे सुरक्षित स्थान बनाना जहाँ व्यक्ति बिना निर्णय या

भेदभाव के खुद को स्वतंत्र रूप से व्यक्त कर सकें। इसका मतलब है विभिन्न दृष्टिकोणों को सक्रिय रूप से सुनना और उन्हें महत्व देना, भले ही वे हमारी अपनी मान्यताओं या धारणाओं को चुनौती दें। और इसका मतलब है यह पहचानना कि हर किसी के पास अपनी पृष्ठभूमि या अनुभवों की परवाह किए बिना योगदान करने के लिए कुछ अनोखा है।

विविधता को सराहना करना केवल अंतर को सहन करना नहीं है; यह उन लोगों से सक्रिय रूप से सीखने और उनकी तलाश करने के बारे में है जो हमसे अलग हैं। इसे सार्थक बातचीत में शामिल होकर, विविध लेखकों की पुस्तकें और लेख पढ़कर, सांस्कृतिक कार्यक्रमों में भाग लेकर, और नई जगहों की यात्रा करके किया जा सकता है। विभिन्न दृष्टिकोणों और अनुभवों के संपर्क में आकर, हम दुनिया की अपनी समझ को व्यापक बना सकते हैं और अपनी पूर्वाग्रहों और धारणाओं को चुनौती दे सकते हैं।

विविधता केवल नैतिक आवश्यकता नहीं है; यह व्यावहारिक आवश्यकता भी है। शोध से पता चला है कि विविध टीमें समरूप टीमों की तुलना में अधिक नवीन, रचनात्मक और समस्याओं को हल करने में प्रभावी होती हैं। इसका कारण यह है कि विभिन्न पृष्ठभूमियों वाले व्यक्ति मेज पर अनोखे दृष्टिकोण और अनुभव लाते हैं, जिससे विचारों और समाधानों की एक व्यापक श्रृंखला उत्पन्न होती है। कार्यस्थल में, विविधता से उत्पादकता में वृद्धि, कर्मचारियों का मनोबल बेहतर, और बेहतर व्यावसायिक परिणाम मिल सकते हैं।

हमारे समुदायों में, विविधता सामाजिक जुड़ाव और लचीलापन को मजबूत करती है। जब विभिन्न पृष्ठभूमियों के लोग एक साथ आते हैं, तो वे ज्ञान, कौशल और अनुभवों का खजाना लाते हैं। इस प्रतिभा की विविधता को जटिल सामाजिक चुनौतियों का समाधान करने, अधिक जीवंत और समावेशी समुदाय बनाने और एक अधिक समान और न्यायपूर्ण समाज को बढ़ावा देने के लिए उपयोग किया जा सकता है।

विविधता का उत्सव उन प्रणालीगत असमानताओं को पहचानने और उनका समाधान करने में भी शामिल है, जिन्होंने ऐतिहासिक रूप से कुछ समूहों को हाशिए पर रखा है। इसका अर्थ है उस विशेषाधिकार को स्वीकार करना जो कुछ

व्यक्तियों को उनकी जाति, लिंग या सामाजिक-आर्थिक स्थिति के आधार पर मिलता है। इसका अर्थ इन उत्पीड़न प्रणालियों को सक्रिय रूप से समाप्त करने और एक अधिक समान समाज बनाने के लिए काम करना है, जहाँ हर किसी को फलने-फूलने का अवसर मिले।

हमारे अंतर को सराहना करना हमेशा आसान नहीं होता। अपनी पूर्वाग्रहों और धारणाओं का सामना करना, अपने आराम क्षेत्र से बाहर कदम रखना, और उन लोगों के अनुभवों को वास्तव में समझना जो हमसे भिन्न हैं, चुनौतीपूर्ण हो सकता है। हालांकि, विविधता को अपनाने के पुरस्कार इन चुनौतियों से कहीं अधिक हैं। हमारे अंतर का उत्सव करके, हम मजबूत संबंध बना सकते हैं, अधिक जीवंत समुदाय बना सकते हैं, और एक अधिक न्यायपूर्ण और समान दुनिया को बढ़ावा दे सकते हैं। हम मानवीय रचनात्मकता और नवाचार की पूरी क्षमता को अनलॉक कर सकते हैं, और ऐसा भविष्य बना सकते हैं जहाँ हर किसी को फलने-फूलने का अवसर मिले।

करुणा एक ऐसा प्रकाश है जो सबसे अंधेरे समय में सबसे उज्ज्वल चमकता है। यह एक ऐसा उपहार है जिसे हम खुद को और दूसरों को दे सकते हैं, एक ऐसा उपहार जो घावों को भरता है, टूटे दिलों को जोड़ता है, और एक अधिक प्रेमपूर्ण और करुणामय दुनिया को बढ़ावा देता है।

करुणा सिखाती है सुनना बिना बोले,
दर्द समझना बिना कहे, और साथ देना बिना मांगे।
युवा अगर इस गूढ़ भाषा को जान जाएं,
तो हर दिल में एक सवेरा बन जाए।

8

पूर्वाग्रह पर विजय: रूढ़ियों को चुनौती देना

पूर्वाग्रह और रूढ़िवादिता, जो सामाजिक ढांचे और व्यक्तिगत मानसिकता में गहराई तक जड़ें जमा चुके हैं, समझ, सहानुभूति और सामाजिक सामंजस्य के लिए गंभीर बाधाएं पैदा करते हैं। ये वे अदृश्य फुसफुसाहटें हैं जो हमारे दूसरों के प्रति दृष्टिकोण को विकृत करती हैं, अनुचित निर्णय, भेदभाव और यहां तक कि हिंसा का कारण बनती हैं। पूर्वाग्रह पर विजय प्राप्त करना और रूढ़ियों को चुनौती देना केवल राजनीतिक शिष्टाचार का मामला नहीं है; यह एक नैतिक आवश्यकता है, जिसके लिए हमें अपनी पूर्वधारणाओं का सामना करना, विविध दृष्टिकोणों की तलाश करना और अधिक समावेशी और न्यायपूर्ण समाज की दिशा में सक्रिय रूप से काम करना आवश्यक है।

पूर्वाग्रह, जो किसी ज्ञान, विचार या कारण के बिना पहले से बनाई गई एक अप्रिय राय या भावना है, अक्सर रूढ़ियों से उत्पन्न होता है। रूढ़िवादिता विशेष रूप से किसी समूह के बारे में सरल और सामान्यीकृत मान्यताएं होती हैं। ये जाति, जातीयता, लिंग, यौन अभिविन्यास, धर्म, या सामाजिक-आर्थिक स्थिति जैसे विभिन्न कारकों पर आधारित हो सकती हैं। ये सकारात्मक और नकारात्मक दोनों हो सकती हैं, लेकिन चाहे वे कैसी भी हों, ये हानिकारक होती हैं क्योंकि ये व्यक्तियों को पूर्वनिर्धारित धारणाओं तक सीमित कर देती हैं, उनकी अनूठी व्यक्तित्व, अनुभवों और दृष्टिकोणों की अनदेखी करती हैं।

पूर्वाग्रह और रूढ़ियों के परिणाम दूरगामी और विनाशकारी हो सकते हैं। ये रोजगार, आवास, शिक्षा और जीवन के अन्य क्षेत्रों में भेदभाव का कारण बन सकते हैं। ये नफरत अपराधों और हिंसा को बढ़ावा दे सकते हैं। और ये भय और अविश्वास का माहौल बना सकते हैं, जहां व्यक्ति हाशिए पर और बहिष्कृत महसूस करते हैं। व्यक्तिगत स्तर पर, पूर्वाग्रह और रूढ़िवादिता हमारी वृद्धि और समझ के अवसरों को सीमित कर सकती हैं, क्योंकि ये हमें मानव अनुभव की विविधता को वास्तव में देखने और सराहने से रोकती हैं।

पूर्वाग्रह पर विजय प्राप्त करना और रूढ़ियों को चुनौती देना एक जटिल और सतत प्रक्रिया है, जिसके लिए व्यक्तिगत और सामूहिक प्रयासों की आवश्यकता होती है। व्यक्तिगत स्तर पर, यह आत्म-चिंतन और जागरूकता के साथ शुरू होता है। हमें अपनी मान्यताओं और धारणाओं की जांच करनी चाहिए, यह स्वीकार करते हुए कि हम सभी के पास चाहे वह जागरूक हो या अवचेतन, पूर्वाग्रह होते हैं। इसके लिए अपनी पूर्वधारणाओं का सामना करने, अपने मान्यताओं पर सवाल उठाने और ऐसी जानकारी की तलाश करने की तत्परता की आवश्यकता है, जो हमारी पूर्वनिर्धारित धारणाओं को चुनौती दे।

रूढ़िवादिता को चुनौती देने के सबसे प्रभावी तरीकों में से एक है विभिन्न पृष्ठभूमि के लोगों के साथ संपर्क और बातचीत। सार्थक बातचीत में शामिल होकर, अनुभव साझा करके और हमारे जैसे नहीं दिखने वाले या सोचने वाले व्यक्तियों के साथ संबंध बनाकर, हम बाधाओं को तोड़ सकते हैं, समझ को बढ़ावा दे सकते हैं और हानिकारक रूढ़ियों को समाप्त कर सकते हैं। इसे विविध समुदायों में स्वयंसेवा करके, सांस्कृतिक आदान-प्रदान कार्यक्रमों में भाग लेकर, या विभिन्न जीवन अनुभवों वाले लोगों को जानने का प्रयास करके किया जा सकता है।

शिक्षा पूर्वाग्रह पर विजय प्राप्त करने में महत्वपूर्ण भूमिका निभाती है। विभिन्न संस्कृतियों, इतिहासों और दृष्टिकोणों के बारे में जानने से हम दुनिया की अपनी समझ का विस्तार कर सकते हैं और अपनी पूर्वधारणाओं को चुनौती दे सकते हैं। स्कूल, विश्वविद्यालय और सामुदायिक संगठन शैक्षिक कार्यक्रमों, कार्यशालाओं और सांस्कृतिक कार्यक्रमों के माध्यम से विविधता और समावेशिता को बढ़ावा देने में महत्वपूर्ण भूमिका निभा सकते हैं।

रूढ़ियों को चुनौती देने का एक अन्य महत्वपूर्ण पहलू मीडिया साक्षरता है। मीडिया दुनिया और विभिन्न समूहों के प्रति हमारी धारणाओं को आकार देने में एक शक्तिशाली भूमिका निभाती है। मीडिया प्रदर्शनों का आलोचनात्मक विश्लेषण करके और जानकारी के विविध स्रोतों की तलाश करके, हम इस बात से अधिक जागरूक हो सकते हैं कि रूढ़िवादिता कैसे कायम रहती है और सूचित संवाद और वकालत के माध्यम से उन्हें चुनौती दे सकते हैं।

रूढ़ियों को चुनौती देने के लिए हमें पूर्वाग्रह और भेदभाव के खिलाफ बोलने की भी आवश्यकता होती है जब हम इसे देखते हैं। यह उतना ही सरल हो सकता है जितना कि एक दोस्त को सही करना जो एक नस्लवादी या लिंगभेदी मजाक करता है, या उतना ही साहसिक हो सकता है जितना कि भेदभावपूर्ण नीतियों के खिलाफ विरोध का आयोजन करना। जो सही है उसके लिए खड़े होकर, हम सकारात्मक बदलाव की लहर बना सकते हैं और एक अधिक समावेशी और न्यायपूर्ण समाज के निर्माण में मदद कर सकते हैं।

पूर्वाग्रह पर विजय प्राप्त करना और रूढ़ियों को चुनौती देना आसान कार्य नहीं है, लेकिन यह एक आवश्यक कार्य है। अपनी पूर्वधारणाओं का सामना करके, विविध दृष्टिकोणों की तलाश करके और एक अधिक समावेशी दुनिया की दिशा में सांक्रिय रूप से काम करके, हम बाधाओं को तोड़ सकते हैं, समझ के पुल बना सकते हैं, और एक ऐसा समाज बना सकते हैं जहां हर किसी को उनके पृष्ठभूमि या पहचान की परवाह किए बिना मूल्यवान और सम्मानित महसूस हो।

विविधता जीवन का स्वाद है, विभिन्न संस्कृतियों, विश्वासों और अनुभवों के धागों से बुनी एक जीवंत परंपरा। यह हमारे जीवन को समृद्ध करती है और हमारे दृष्टिकोण को व्यापक बनाती है, हमें अपने अंतर की सराहना करना और हमारी साझा मानवता का उत्सव मनाना सिखाती है।

दूसरों के आंसू पोंछने से खुद की आँखें नम होती हैं,
पर दिल को एक अजीब सुकून मिलती है।
सहानुभूति वही अनमोल भावना है,
जो हर युवा को महानता की राह पर चलाती है।

9

आभार की खेती: रोजमर्रा के क्षणों में आनंद खोजना

आभार, आभारी होने और जीवन में अच्छी चीजों की सराहना करने का गुण, एक शक्तिशाली भावना है जो हमारे कल्याण और खुशी पर गहरा प्रभाव डाल सकती है। यह हमारे जीवन के सकारात्मक पहलुओं को, चाहे वे बड़े हों या छोटे, पहचानने और स्वीकार करने का कार्य है, और उन लोगों, अनुभवों और परिस्थितियों की सराहना करना है जो हमें आनंद, आराम और अर्थ प्रदान करते हैं। आभार की खेती केवल "धन्यवाद" कहने के बारे में नहीं है; यह एक मानसिकता है, दुनिया को देखने का एक ऐसा दृष्टिकोण जो हमें चुनौतियों और प्रतिकूलताओं के बीच भी हमारे चारों ओर की प्रचुरता और सुंदरता को देखने की अनुमति देता है।

आभार का अभ्यास विभिन्न दार्शनिक और आध्यात्मिक परंपराओं में गहराई से निहित है, प्राचीन स्टोइक दर्शन से लेकर आधुनिक सकारात्मक मनोविज्ञान तक। इसे एक ऐसे गुण के रूप में प्रशंसा की गई है जो भलाई को बढ़ावा देता है, संबंधों को मजबूत करता है, और प्रतिकूलताओं के सामने लचीलापन बढ़ाता है। हाल के वर्षों में, वैज्ञानिक अनुसंधान ने मानसिक, भावनात्मक और शारीरिक स्वास्थ्य के लिए आभार के कई लाभों पर भी प्रकाश डाला है।

आभार के सबसे महत्वपूर्ण लाभों में से एक यह है कि यह हमारे समग्र खुशी और

कल्याण को बढ़ा सकता है। अध्ययनों से पता चला है कि जो व्यक्ति नियमित रूप से आभार का अभ्यास करते हैं, वे अधिक जीवन संतुष्टि, सकारात्मक भावनाओं का उच्च स्तर और अवसाद और चिंता का निम्न स्तर अनुभव करते हैं। ऐसा इसलिए है क्योंकि आभार हमारा ध्यान इस बात से हटाकर कि हमारे पास क्या कमी है, उस पर केंद्रित करता है जो हमारे पास है, जिससे हमें अपने जीवन की प्रचुरता की सराहना करने और रोजमर्रा के क्षणों में आनंद खोजने में मदद मिलती है।

आभार का हमारे संबंधों पर भी सकारात्मक प्रभाव पड़ता है। जब हम दूसरों के प्रति आभार व्यक्त करते हैं, तो हम न केवल उनकी दयालुता और उदारता को स्वीकार करते हैं, बल्कि उनके साथ अपने बंधन को भी मजबूत करते हैं। आभार परस्परता और सराहना की भावना को बढ़ावा देता है, जिससे एक सकारात्मक प्रतिक्रिया चक्र बनता है जो हमारे संबंधों की गुणवत्ता को बढ़ाता है। इसके अलावा, आभार व्यक्त करना क्षतिग्रस्त संबंधों की मरम्मत करने और संघर्षों को हल करने में मदद कर सकता है, क्योंकि यह समझ, क्षमा, और सामंजस्य को प्रोत्साहित करता है।

आभार प्रतिकूलताओं के सामने हमारे लचीलापन को भी बढ़ा सकता है। जब हम एक आभारी मानसिकता विकसित करते हैं, तो हम तनाव, असफलताओं, और चुनौतियों का बेहतर सामना करने में सक्षम होते हैं। ऐसा इसलिए है क्योंकि आभार हमें अपने अनुभवों को अधिक सकारात्मक दृष्टिकोण से देखने में मदद करता है, सीखे गए पाठों और विकास के अवसरों पर ध्यान केंद्रित करता है। यह हमें उपलब्ध समर्थन और संसाधनों की भी याद दिलाता है, हमारी आशा और आशावाद की भावना को मजबूत करता है।

आभार की खेती एक ऐसा अभ्यास है जिसे विभिन्न तरीकों से हमारे दैनिक जीवन में शामिल किया जा सकता है। एक सरल लेकिन प्रभावी तरीका आभार डायरी रखना है, जिसमें हम हर दिन तीन ऐसी चीजें लिखते हैं जिनके लिए हम आभारी हैं। यह अभ्यास हमें हमारे जीवन के सकारात्मक पहलुओं पर ध्यान केंद्रित करने और आभार की आदत विकसित करने में मदद करता है।

आभार को विकसित करने का एक और तरीका दूसरों के प्रति अपनी प्रशंसा व्यक्त करना है। यह धन्यवाद के मौखिक अभिव्यक्तियों, लिखित नोट्स, या दयालुता

के कार्यों के माध्यम से किया जा सकता है। जब हम आभार व्यक्त करते हैं, तो हम न केवल दूसरों को प्रोत्साहित करते हैं, बल्कि अपने खुद के सराहना की भावना को भी मजबूत करते हैं।

माइंडफुलनेस ध्यान भी आभार की खेती के लिए एक शक्तिशाली उपकरण हो सकता है। वर्तमान क्षण पर ध्यान केंद्रित करके और अपने विचारों और भावनाओं का बिना किसी निर्णय के अवलोकन करके, हम उस प्रचुरता और सुंदरता के प्रति अधिक जागरूक हो सकते हैं जो हमारे चारों ओर है। हम जीवन के सरल आनंदों, जैसे हमारी त्वचा पर सूरज की गर्मी, एक स्वादिष्ट भोजन का स्वाद, या हंसी की ध्वनि, की सराहना करना सीख सकते हैं।

आभार का अर्थ यह नहीं है कि हम अपने जीवन की चुनौतियों और कठिनाइयों की अनदेखी करें या उन्हें नकारें। बल्कि, यह सकारात्मक पहलुओं पर ध्यान केंद्रित करने का चुनाव है, प्रतिकूलताओं के बीच भी। यह हर अनुभव में छिपे हुए उजाले, सीखे गए पाठों, और विकास के अवसरों को खोजने के बारे में है।

आभार की खेती करके, हम न केवल अपने खुद के कल्याण और खुशी को बढ़ाते हैं बल्कि एक अधिक सकारात्मक और करुणामय दुनिया में भी योगदान देते हैं। आभार एक ऐसा उपहार है जिसे हम खुद को और दूसरों को दे सकते हैं, एक ऐसा उपहार जिसमें हमारे जीवन और हमारे आसपास के लोगों के जीवन को बदलने की शक्ति है।

पूर्वाग्रह एक ऐसा विष है जो हमारी मानवता को क्षीण करता है, हमें प्रत्येक व्यक्ति की अंतर्निहित योग्यता और गरिमा को देखने से अंधा कर देता है। रूढ़ियों को चुनौती देकर और विविधता को अपनाकर, हम एक अधिक समावेशी और समान दुनिया बना सकते हैं, जहाँ हर कोई मूल्यवान और सम्मानित महसूस करता है।

सहानुभूति वह बीज है, जो दिलों में प्रेम उगाता है,
करुणा की खाद से वह एक सुंदर समाज बनाता है।
युवाओं का मन जब संवेदनशील होता है,
तो परिवर्तन का सूरज उदय होता है।

10

सावधानी का अभ्यास: वर्तमान क्षण में उपस्थित रहना

सावधानी, प्राचीन बौद्ध परंपराओं में निहित एक अभ्यास, कल्याण को बढ़ावा देने, तनाव को कम करने और भावनात्मक बुद्धिमत्ता को सुधारने के लिए एक शक्तिशाली उपकरण के रूप में उभरी है। अपने मूल में, सावधानी का मतलब बिना किसी निर्णय के वर्तमान क्षण पर ध्यान देना है, खुद को "यहाँ और अब" में स्थिर करना और अपने विचारों, भावनाओं और संवेदनाओं का अवलोकन करना, बिना उनमें फंसने के। यह सरल लेकिन गहन अभ्यास हमारे खुद के साथ, हमारे अनुभवों के साथ, और हमारे चारों ओर की दुनिया के साथ हमारे संबंध को बदलने की क्षमता रखता है।

सावधानी का सार वर्तमान क्षण की एक गहरी जागरूकता को विकसित करने में है। इसका मतलब है कि अभी क्या हो रहा है, इस पर ध्यान देना, चाहे वह आंतरिक हो या बाहरी, बिना अतीत के विचारों या भविष्य की चिंताओं में खोए हुए। इसमें हमारे विचारों, भावनाओं और शारीरिक संवेदनाओं का जिज्ञासा और स्वीकृति के साथ अवलोकन करना शामिल है, इन्हें अस्थायी अनुभव के रूप में पहचानना जो आते और जाते हैं। वर्तमान क्षण में खुद को स्थिर करके, हम अपने मन की स्वचालित प्रक्रिया से मुक्त हो सकते हैं और अपने जीवन के साथ अधिक पूर्ण रूप से जुड़ सकते हैं।

सावधानी का एक प्रमुख लाभ यह है कि यह तनाव और चिंता को कम करने की क्षमता रखती है। जब हम सतर्क होते हैं, तो हम अक्सर अपने मन में चल रहे अंतहीन विचारों और चिंताओं में नहीं उलझते। इसके बजाय, हम इन विचारों और भावनाओं को दूरी से देख सकते हैं, यह पहचानते हुए कि ये आवश्यक रूप से सत्य या स्थायी नहीं हैं। यह हमें चुनौतीपूर्ण परिस्थितियों के बीच भी एक शांति और स्थिरता की भावना बनाने में मदद कर सकता है।

सावधानी का हमारे भावनात्मक कल्याण पर भी सकारात्मक प्रभाव पड़ता है। जब हम अपनी भावनाओं पर ध्यान देते हैं, जैसे ही वे उत्पन्न होती हैं, तो हम उन्हें अधिक स्पष्ट रूप से पहचानने और समझने का तरीका सीख सकते हैं। यह आत्म-जागरूकता हमें अपनी भावनाओं का अधिक कुशल और करुणामय तरीके से जवाब देने की अनुमति देती है, बजाय इसके कि हम आवेगपूर्ण प्रतिक्रिया दें या उन्हें दबाएं। इसके अलावा, सावधानी हमें कृतज्ञता, आनंद और करुणा जैसी सकारात्मक भावनाओं को विकसित करने में मदद कर सकती है, जो हमारे समग्र कल्याण को और बढ़ा सकती हैं।

सावधानी हमारे दूसरों के साथ संबंधों को भी सुधार सकती है। जब हम पूरी तरह से वर्तमान क्षण में उपस्थित होते हैं, तो हम दूसरों को बेहतर ढंग से सुनने और उनसे जुड़ने में सक्षम होते हैं। हम कम बाधित या आलोचना करने की प्रवृत्ति रखते हैं और अधिक सहानुभूति और समझ की पेशकश करते हैं। यह हमारे आसपास के लोगों के साथ गहरे और अधिक अर्थपूर्ण संबंधों की ओर ले जा सकता है।

सावधानी का अभ्यास कई रूप ले सकता है। एक सामान्य तरीका है सावधानी ध्यान, जहाँ हम एक आरामदायक स्थिति में बैठते हैं, अपनी आँखें बंद करते हैं और अपनी सांस या किसी विशेष वस्तु पर ध्यान केंद्रित करते हैं। जैसे-जैसे विचार और भावनाएँ उत्पन्न होती हैं, हम बस उन्हें स्वीकार करते हैं और धीरे-धीरे अपना ध्यान वर्तमान क्षण पर वापस लाते हैं। सावधानी अभ्यास के अन्य रूपों में सावधान भोजन, सावधान चलना और सावधान शारीरिक गतिविधि शामिल हैं, जहाँ हम खाने, चलने, या अपने शरीर को हिलाने के अनुभव पर पूरा ध्यान केंद्रित करते हैं।

सावधानी को अपने दैनिक जीवन में शामिल करना औपचारिक अभ्यास के लिए बड़े समय को अलग रखने की आवश्यकता नहीं है। हम अपने रोजमर्रा की गतिविधियों में केवल इस बात पर ध्यान देकर सावधानी को शामिल कर सकते हैं कि हम उस क्षण में क्या कर रहे हैं, चाहे वह बर्तन धोना हो, दांत ब्रश करना हो, या बस स्टॉप तक चलना हो। इन नियमित गतिविधियों में अपनी पूरी जागरूकता लाकर, हम उन्हें सावधानी अभ्यास के अवसरों में बदल सकते हैं।

सावधानी कोई त्वरित समाधान या जादुई गोली नहीं है। यह आत्म-खोज और विकास की एक जीवनभर की यात्रा है। नियमित रूप से सावधानी का अभ्यास करके, हम जागरूकता, स्वीकृति और करुणा की एक गहरी भावना विकसित कर सकते हैं, अपने लिए और दूसरों के लिए भी। हम वर्तमान क्षण में अधिक पूर्ण रूप से जीना, जीवन के साधारण आनंद की सराहना करना, और अधिक स्थिरता के साथ चुनौतियों का सामना करना सीख सकते हैं।

कृतज्ञता वह धूप है जो हमारे दिलों को गर्म करती है और हमारे जीवन को रोशन करती है। यह हमें उन प्रचुरताओं और सुंदरता की सराहना करने की अनुमति देती है जो हमें घेरती हैं, यहां तक कि चुनौतियों और प्रतिकूलताओं के बीच भी। आभार की खेती करके, हम अपने लिए आनंद, संतोष और आंतरिक शांति के द्वार खोलते हैं।

करुणा की भाषा हर कोई समझता है,
यह न धर्म देखती है, न रंग पहचानती है।
युवा मन जब इसे अपनाते हैं,
तो हर दीवार को प्रेम से गिराते हैं।

11

खेल का महत्व: मज़े और खेलों के माध्यम से सीखना

खेल, जो एक सरल और निःशुल्क गतिविधि प्रतीत होती है, मानव विकास और सीखने का एक मौलिक पहलू है। शैशवावस्था के प्रारंभिक चरणों से ही, खेल अन्वेषण, खोज, और कौशल अधिग्रहण का प्राथमिक माध्यम बनता है। खेल के माध्यम से ही बच्चे अपने आसपास की दुनिया को समझना, सामाजिक और भावनात्मक कौशल विकसित करना, और भविष्य के शिक्षण के लिए संज्ञानात्मक आधार बनाना सीखते हैं। खेल का महत्व अतुलनीय है; यह केवल एक हल्का-फुल्का शगल नहीं है, बल्कि बच्चे के शारीरिक, संज्ञानात्मक, सामाजिक और भावनात्मक विकास का एक महत्वपूर्ण हिस्सा है।

अपने मूल में, खेल एक आनंदमय और स्वाभाविक रूप से प्रेरित गतिविधि है। बच्चे खेल में केवल उसके आनंद के लिए भाग लेते हैं, किसी बाहरी इनाम या प्रेरणा की आवश्यकता के बिना। यह आंतरिक प्रेरणा सीखने का एक शक्तिशाली चालक है, क्योंकि यह बच्चों को सक्रिय रूप से अन्वेषण करने, प्रयोग करने और जोखिम उठाने के लिए प्रोत्साहित करती है। जब बच्चे खेल में शामिल होते हैं, तो वे अक्सर पूरी तरह से वर्तमान क्षण में डूबे होते हैं, अपने काम पर ध्यान केंद्रित करते हैं और नए अनुभवों के लिए खुले होते हैं। यह "फ्लो" की स्थिति, जिसे गहन एकाग्रता और आनंद द्वारा चिह्नित किया जाता है, इष्टतम सीखने और विकास के लिए

अनुकूल है।

खेल संज्ञानात्मक विकास के लिए भी एक शक्तिशाली उपकरण है। खेल के माध्यम से, बच्चे महत्वपूर्ण सोच कौशल, समस्या-समाधान क्षमताएं और रचनात्मकता विकसित करते हैं। वे पर्यवेक्षण करना, विश्लेषण करना, और अपने चारों ओर की दुनिया को समझना सीखते हैं। वे विभिन्न विचारों के साथ प्रयोग करते हैं, परिकल्पनाओं का परीक्षण करते हैं, और अपनी गलतियों से सीखते हैं। वे अपनी कल्पना का उपयोग करके नई दुनिया बनाते हैं, नए खेलों का आविष्कार करते हैं और कहानियां सुनाते हैं। ये संज्ञानात्मक कौशल स्कूल और जीवन में सफलता के लिए आवश्यक हैं।

खेल सामाजिक और भावनात्मक विकास को भी बढ़ावा देता है। खेल बच्चों को दूसरों के साथ बातचीत करने, सामाजिक नियमों और मानदंडों को सीखने, और सहानुभूति और करुणा विकसित करने के अवसर प्रदान करता है। नाटक खेल के माध्यम से, बच्चे विभिन्न भूमिकाओं और दृष्टिकोणों का अन्वेषण कर सकते हैं, दूसरों की भावनाओं और दृष्टिकोणों को समझने और उनकी सराहना करने का तरीका सीख सकते हैं। वे बातचीत करना, सहयोग करना, और संघर्षों को शांतिपूर्वक हल करना भी सीखते हैं। ये सामाजिक और भावनात्मक कौशल स्वस्थ संबंध बनाने, जटिल सामाजिक परिस्थितियों को नेविगेट करने, और सामंजस्यपूर्ण समाज में योगदान करने के लिए महत्वपूर्ण हैं।

शारीरिक विकास खेल का एक और महत्वपूर्ण लाभ है। सक्रिय खेल के माध्यम से, बच्चे दौड़ने, कूदने, और चढ़ाई जैसे मोटर कौशल विकसित करते हैं, साथ ही वस्तुओं को पकड़ने, हेरफेर करने और हाथ-आंख समन्वय जैसे सूक्ष्म मोटर कौशल भी। खेल ताकत, सहनशक्ति और समन्वय बनाने में भी मदद करता है। ये शारीरिक कौशल न केवल समग्र स्वास्थ्य और भलाई के लिए महत्वपूर्ण हैं, बल्कि वे भविष्य के एथलेटिक प्रयासों और शारीरिक गतिविधियों की नींव भी रखते हैं।

खेल का महत्व बचपन तक ही सीमित नहीं है। खेल-आधारित गतिविधियाँ वयस्कों के लिए भी लाभकारी हो सकती हैं, रचनात्मकता को बढ़ावा देने, तनाव को कम करने, और सामाजिक संबंधों को बढ़ाने में मदद करती हैं। खेल में भाग लेना वयस्कों को उनके भीतर के बच्चे से जुड़ने, सीखने का आनंद फिर से खोजने,

और जीवन के प्रति एक अधिक सकारात्मक और आशावादी दृष्टिकोण को बढ़ावा देने में मदद कर सकता है।

आज की तेज़-तर्रार और तकनीक-प्रधान दुनिया में, खेल के मूल्य को पहचानना और उसकी रक्षा करना पहले से कहीं अधिक महत्वपूर्ण है। जैसे-जैसे बच्चे स्क्रीन के सामने अधिक समय बिताते हैं और बिना संरचना वाले खेल में कम समय लगाते हैं, उनके सीखने और विकास के अवसर कम हो जाते हैं। यह माता-पिता, शिक्षकों और नीति निर्माताओं के लिए आवश्यक है कि वे खेल को प्राथमिकता दें और ऐसे वातावरण बनाएं जहाँ बच्चे अन्वेषण, प्रयोग, और मज़े और खेलों के माध्यम से सीख सकें।

सावधानी वह लंगर है जो हमें वर्तमान क्षण में स्थिर करता है, हमें अतीत की चिंताओं और भविष्य की आशंकाओं से मुक्त करता है। यह हमें जीवन की समृद्धि को पूरी तरह से अनुभव करने, साधारण आनंदों की सराहना करने, और खुद को और दूसरों को गहराई से जोड़ने की अनुमति देता है।

सहानुभूति जीवन का मूल मंत्र है,
यह वही ज्ञान है, जो हर ग्रंथ का केंद्र है।
युवाओं में जब यह अंकुर फूटता है,
तो समाज में सच्चा परिवर्तन छूटता है।

12

सहानुभूति के लिए कहानी सुनाना: कथा के माध्यम से जुड़ाव

कहानी सुनाना, मानवता जितना ही पुराना एक प्राचीन कला रूप, साझा अनुभवों, भावनाओं, और दृष्टिकोणों की एक परतदार संरचना बुनता है। यह सांस्कृतिक सीमाओं को पार करता है, पीढ़ियों को जोड़ता है, और मानव स्थिति की गहरी समझ को बढ़ावा देता है। मौखिक परंपराओं से लेकर लिखित ग्रंथों, फिल्मों और डिजिटल मीडिया तक, कहानी सुनाने में हमें विभिन्न दुनियाओं में ले जाने, विविध पात्रों से मिलवाने, और मानवीय संबंधों की जटिलताओं को उजागर करने की अद्वितीय शक्ति है। अपने मूल में, कहानी सुनाना सहानुभूति का एक गहन कार्य है, एक ऐसा पुल जो हमें दूसरों से जोड़ता है और उनकी आँखों से दुनिया को देखने में सक्षम बनाता है।

सहानुभूति के लिए कहानी सुनाना केवल मनोरंजन या पलायनवाद तक सीमित नहीं है। यह समझ, करुणा, और जुड़ाव को बढ़ावा देने का एक शक्तिशाली उपकरण है। कहानियों में भावनाओं को जगाने, धारणाओं को चुनौती देने, और हमारे दृष्टिकोण को व्यापक बनाने की क्षमता होती है। वे हमें दूसरों के स्थान पर खड़ा होने के लिए आमंत्रित करती हैं, उनकी खुशियों और दुखों, उनके भय और आशाओं को महसूस करने के लिए, जैसे वे हमारे अपने हों। किसी अन्य के जीवन के इस परोक्ष अनुभव से हमारे दृष्टिकोण, विश्वास और व्यवहार बदल सकते

हैं, जिससे हम अधिक सहानुभूतिपूर्ण, करुणामय और समझने वाले व्यक्ति बन सकते हैं।

सहानुभूति के लिए कहानी सुनाने की शक्ति इसकी उस क्षमता में निहित है जो कहानीकार और श्रोता के बीच साझा भावनात्मक अनुभव पैदा करती है। जब हम कोई कहानी सुनते हैं, तो हम केवल जानकारी के निष्क्रिय प्राप्तकर्ता नहीं होते; हम सक्रिय भागीदार होते हैं, सह-रचना की प्रक्रिया में लगे रहते हैं। हम दृश्यों, पात्रों, और भावनाओं की कल्पना करते हैं, अपनी स्वयं की अनुभूतियों और दृष्टिकोणों को जोड़कर खाली जगहों को भरते हैं। यह सक्रिय भागीदारी पात्रों के साथ जुड़ाव और पहचान की भावना पैदा करती है, जिससे हमें उनकी भावनाओं को ऐसा महसूस होता है जैसे वे हमारी अपनी हों।

कहानियों में हमारी धारणाओं को चुनौती देने और दुनिया की हमारी समझ को बढ़ाने की शक्ति भी होती है। जब हम विभिन्न संस्कृतियों, पृष्ठभूमियों और दृष्टिकोणों से कहानियों के संपर्क में आते हैं, तो हमें अपनी पूर्वधारणाओं और पूर्वाग्रहों का सामना करना पड़ता है। हमें दूसरों की आँखों से दुनिया को देखने, उनकी प्रेरणाओं और संघर्षों को समझने, और उनके अद्वितीय दृष्टिकोणों की सराहना करने की चुनौती दी जाती है। इस विविधता के संपर्क में आने से अधिक सहानुभूति, सहिष्णुता और दूसरों की स्वीकृति को बढ़ावा मिल सकता है।

कहानी सुनाना उपचार और परिवर्तन का भी एक शक्तिशाली उपकरण हो सकता है। साहस, दृढ़ता, और आशा की कहानियाँ हमें चुनौतियों को पार करने, प्रतिकूलताओं के सामने दृढ़ता दिखाने, और अपने स्वयं के जीवन में अर्थ खोजने के लिए प्रेरित कर सकती हैं। वे हमें कठिन भावनाओं और अनुभवों का पता लगाने के लिए एक सुरक्षित स्थान प्रदान कर सकती हैं, जिससे हमें आघात, शोक और हानि को समझने में मदद मिलती है।

शिक्षा के संदर्भ में, कहानी सुनाना सहानुभूति और सामाजिक-भावनात्मक कौशल सिखाने का एक मूल्यवान उपकरण हो सकता है। ऐसी कहानियों को साझा करके जो विभिन्न दृष्टिकोणों और अनुभवों का पता लगाती हैं, शिक्षक बच्चों को स्वयं और दूसरों की गहरी समझ विकसित करने में मदद कर सकते हैं। कहानियों का उपयोग बच्चों को विभिन्न संस्कृतियों, ऐतिहासिक घटनाओं, और सामाजिक

मुद्दों के बारे में सिखाने के लिए भी किया जा सकता है, जो अंतराल के पार सहानुभूति और समझ को बढ़ावा देता है।

सामाजिक न्याय के क्षेत्र में, कहानी सुनाना वकालत और परिवर्तन के लिए एक शक्तिशाली उपकरण हो सकता है। अन्याय, उत्पीड़न, और दृढ़ता की कहानियाँ जागरूकता बढ़ा सकती हैं, कार्रवाई को प्रेरित कर सकती हैं, और परिवर्तन के लिए आंदोलनों को मजबूत कर सकती हैं। अपनी कहानियाँ साझा करके, हाशिए पर रहने वाले व्यक्ति और समुदाय प्रमुख कथाओं को चुनौती दे सकते हैं, अपनी आवाज़ को मुखर कर सकते हैं, और अपने अधिकारों के लिए वकालत कर सकते हैं।

कहानी केवल उसकी सामग्री के बारे में नहीं है, बल्कि उसके बताए जाने के तरीके के बारे में भी है। कहानीकार की आवाज़, स्वर, और शारीरिक भाषा सभी कहानी के भावनात्मक प्रभाव में योगदान कर सकते हैं। जब कोई कहानी प्रामाणिकता, संवेदनशीलता और जुनून के साथ सुनाई जाती है, तो यह दर्शकों के साथ गहरा जुड़ाव पैदा कर सकती है, सहानुभूति और समझ को प्रेरित कर सकती है।

एक ऐसी दुनिया में जो तेजी से ध्रुवीकृत और विभाजित हो रही है, सहानुभूति के लिए कहानी सुनाना एक शक्तिशाली उपाय प्रदान करता है। अपनी कहानियों को साझा करके, दूसरों की कहानियों को सुनकर, और संवाद और समझ के लिए स्थान बनाकर, हम अंतराल के पार पुल बना सकते हैं, सहानुभूति और करुणा को बढ़ावा दे सकते हैं, और एक अधिक न्यायपूर्ण और समान दुनिया बना सकते हैं।

दूसरों की मदद करना एक ऐसा उपहार है जो हम खुद को देते हैं, एक ऐसा उपहार जो हमारे दिलों को खुशी और उद्देश्य से भर देता है। यह हमारी परस्परता और दुनिया में सकारात्मक बदलाव लाने की हमारी शक्ति की याद दिलाता है।

दूसरों के दुःख को समझना ही करुणा है,
दिल से जुड़ना, यही सच्ची भावना है।
युवाओं को चाहिए यही पथ, यही आलोक,
जो बनाए उन्हें सशक्त, सजीव और निःस्वार्थ लोक।

൭

13

करुणा का आदर्श प्रस्तुत करना: उदाहरण द्वारा नेतृत्व करना

करुणा, जो दूसरों के कष्ट के प्रति गहरी सहानुभूति और उसे कम करने की प्रबल इच्छा से उत्पन्न होती है, सारे सार्थक मानवीय संबंधों का आधार है। यह केवल दूसरों के दर्द और संघर्ष को पहचानने की क्षमता नहीं है, बल्कि इसके साथ दया, समझ, और मदद करने की सच्ची इच्छा के साथ प्रतिक्रिया करने की क्षमता भी है। करुणा को शब्दों और निर्देशों के माध्यम से सिखाया जा सकता है, लेकिन इसके सबसे गहरे सबक अक्सर अवलोकन और अनुकरण के माध्यम से सीखे जाते हैं। करुणा का आदर्श प्रस्तुत करना, इसलिए, केवल एक निष्क्रिय कृत्य नहीं है, बल्कि सहानुभूति, दया और देखभाल का एक सक्रिय प्रदर्शन है, जो दूसरों को भी ऐसा करने के लिए प्रेरित करता है।

करुणा में उदाहरण प्रस्तुत करने की शुरुआत स्वयं में सहानुभूति की सच्ची भावना विकसित करने से होती है। इसमें प्रत्येक व्यक्ति की अंतर्निहित योग्यता और गरिमा को पहचानना शामिल है, चाहे उनकी पृष्ठभूमि, विश्वास, या परिस्थितियाँ कुछ भी हों। इसके लिए किसी और की जगह खुद को रखने, उनकी दृष्टि से दुनिया को देखने, और उनके सुख-दुख को अपने जैसा महसूस करने की क्षमता की आवश्यकता होती है। इस गहरी सहानुभूति की भावना को विकसित करके, हम करुणामय क्रियाओं की नींव रखते हैं।

करुणामय आदर्श प्रस्तुत करने वाले अपनी बातचीत में दया का उदाहरण देते हैं। वे चुनौतीपूर्ण परिस्थितियों में भी सम्मान, धैर्य और समझ प्रदर्शित करते हैं। वे जरूरतमंदों के लिए एक सुनने वाला कान, सांत्वना देने वाला शब्द, और मदद का हाथ बढ़ाते हैं। वे केवल शिष्टाचार तक सीमित नहीं रहते, बल्कि दूसरों की ज़रूरतों और चिंताओं को वास्तव में समझने का प्रयास करते हैं और सच्चे देखभाल और चिंता के साथ प्रतिक्रिया करते हैं। उनकी दया एक क्षणिक इशारा नहीं है, बल्कि उनके संबंधों और बातचीत को प्रभावित करने वाला एक स्थायी व्यवहार है।

दया के साथ-साथ, करुणामय आदर्श क्षमा और समझ भी प्रदर्शित करते हैं। वे यह पहचानते हैं कि हर कोई गलतियाँ करता है और कोई भी पूर्ण नहीं है। जब अन्य लोग त्रुटि करते हैं, तो वे निर्णय के बजाय करुणा के साथ प्रतिक्रिया करते हैं, व्यवहार के अंतर्निहित कारणों को समझने का प्रयास करते हैं और सकारात्मक बदलाव के लिए मार्गदर्शन और समर्थन प्रदान करते हैं। क्षमा और समझ की यह इच्छा विश्वास और स्वीकृति का वातावरण बनाती है, जहाँ लोग खुद को व्यक्त करने और अपनी गलतियों से सीखने में सुरक्षित महसूस करते हैं।

करुणा का आदर्श प्रस्तुत करने का एक और महत्वपूर्ण पहलू दूसरों के कष्ट को कम करने के लिए कार्रवाई करना है। इसमें जरूरतमंदों की मदद के लिए समय और संसाधन देना, सामाजिक न्याय और समानता की वकालत करना, या किसी संघर्षरत व्यक्ति को एक दयालु शब्द या इशारा देना शामिल हो सकता है। करुणामय आदर्श यह समझते हैं कि उनके कार्य, चाहे कितने भी छोटे क्यों न हों, प्रभाव डाल सकते हैं, दूसरों को उनका अनुसरण करने के लिए प्रेरित कर सकते हैं, और एक अधिक करुणामय और देखभाल करने वाले समुदाय का निर्माण कर सकते हैं।

करुणा का आदर्श प्रस्तुत करने का प्रभाव उन लोगों के तत्काल घेरे से कहीं अधिक तक फैला होता है जो इसे देखते हैं। विशेष रूप से बच्चे अत्यधिक अवलोकनशील और प्रभावित होने वाले होते हैं, वे अपने आसपास के वयस्कों के मूल्यों और व्यवहारों को आत्मसात करते हैं। जब बच्चे अपने माता-पिता, शिक्षकों और अन्य आदर्शों को करुणा का प्रदर्शन करते हुए देखते हैं, तो वे इन मूल्यों को आत्मसात करने और उन्हें अपने जीवन में शामिल करने की अधिक संभावना रखते हैं।

करुणा का यह पीढ़ी दर पीढ़ी हस्तांतरण अधिक सहानुभूतिपूर्ण और देखभाल करने वाले समाज के निर्माण के लिए आवश्यक है।

कार्यस्थल में, जो नेता करुणा का आदर्श प्रस्तुत करते हैं, वे अधिक सकारात्मक और उत्पादक कार्य वातावरण बनाते हैं। कर्मचारी जो मूल्यवान, समर्थित, और समझे गए महसूस करते हैं, उनके अधिक जुड़ाव, प्रेरित और वफादार होने की संभावना होती है। करुणामय नेतृत्व सहयोग और टीमवर्क की संस्कृति को भी बढ़ावा देता है, जहाँ लोग विचार साझा करने, जोखिम उठाने और एक-दूसरे का समर्थन करने में सहज महसूस करते हैं।

करुणा का आदर्श प्रस्तुत करना हमेशा आसान नहीं होता। इसके लिए हमें अपने पूर्वाग्रहों और धारणाओं का सामना करना पड़ता है, अपनी कमजोरियों को स्वीकार करना होता है, और अपने आराम क्षेत्र से बाहर कदम रखना पड़ता है। दूसरों के कष्ट को देखने और अन्याय या प्रतिकूलता के सामने करुणा के साथ प्रतिक्रिया करना भावनात्मक रूप से थकाऊ हो सकता है। हालांकि, करुणा का आदर्श प्रस्तुत करने के पुरस्कार अमूल्य हैं। सहानुभूति, दया, और देखभाल के साथ नेतृत्व करके, हम दूसरों को भी ऐसा करने के लिए प्रेरित कर सकते हैं, करुणा की ऐसी लहर बना सकते हैं जो हमारे व्यक्तिगत जीवन से कहीं आगे तक फैले। हम मजबूत संबंध बना सकते हैं, अधिक समावेशी समुदाय बना सकते हैं, और एक अधिक न्यायपूर्ण और करुणामय दुनिया में योगदान कर सकते हैं।

पर्यावरणीय सहानुभूति यह पहचान है कि हम प्रकृति से अलग नहीं हैं, बल्कि जीवन के एक विशाल और परस्पर जुड़े जाल का अभिन्न अंग हैं। अपने ग्रह की देखभाल करके, हम अपने और आने वाली पीढ़ियों की देखभाल करते हैं।

जब युवा अपने हृदय को करुणा से भरते हैं,
तो वे केवल सपने नहीं, समाज बदलते हैं।
सहानुभूति उन्हें नेतृत्व का पाठ पढ़ाती है,
और जीवन में सच्ची सफलता लाती है।

14

कक्षा में सहानुभूति: एक देखभाल करने वाला समुदाय बनाना

सहानुभूति, जो दूसरों की भावनाओं को समझने और साझा करने की क्षमता है, एक देखभाल और रागावेशी कक्षा समुदाय बनाने के लिए एक मौलिक आधार है। एक शैक्षणिक वातावरण में, सहानुभूति केवल छात्रों की भावनाओं को स्वीकार करने से आगे बढ़ती है; यह ऐसा स्थान बनाने के बारे में है जहाँ हर व्यक्ति को देखा, सुना और मूल्यवान महसूस किया जा सके। यह एक ऐसा माहौल विकसित करने के बारे में है जहाँ छात्र गहरे स्तर पर एक-दूसरे से जुड़ सकें, सार्थक संबंध बना सकें, और स्कूल और जीवन में सफलता के लिए आवश्यक सामाजिक-भावनात्मक कौशल विकसित कर सकें।

कक्षा में सहानुभूति की खेती शिक्षक से शुरू होती है। शिक्षण समुदाय के नेता के रूप में, शिक्षक कक्षा के भावनात्मक माहौल के लिए स्वर निर्धारित करता है। छात्रों के साथ अपनी बातचीत में सहानुभूति का प्रदर्शन करके, शिक्षक करुणा की एक ऐसी लहर पैदा कर सकता है जो पूरे कक्षा में फैल जाए। इसका अर्थ है छात्रों को सक्रिय रूप से सुनना, उनकी भावनाओं को स्वीकार करना, और समझ और देखभाल के साथ प्रतिक्रिया देना। इसका अर्थ यह भी है कि एक ऐसा सुरक्षित स्थान बनाना जहाँ छात्र बिना किसी निर्णय या उपहास के अपनी भावनाओं को व्यक्त करने में सहज महसूस करें।

कक्षा में सहानुभूति का अर्थ छात्रों के बीच संबंध बनाना भी है। इसे विभिन्न गतिविधियों और रणनीतियों के माध्यम से किया जा सकता है जो सहयोग, संचार, और समझ को बढ़ावा देती हैं। समूह परियोजनाएँ, सहकर्मी परामर्श कार्यक्रम, और कक्षा चर्चा सभी छात्रों को एक-दूसरे से सीखने, अपने अनुभव साझा करने, और विविध दृष्टिकोणों के लिए सहानुभूति विकसित करने के अवसर प्रदान कर सकती हैं।

सहानुभूति को स्पष्ट रूप से सिखाना एक देखभाल करने वाले कक्षा समुदाय बनाने का एक और महत्वपूर्ण पहलू है। इसमें भावनात्मक बुद्धिमत्ता, दृष्टिकोण लेने, और संघर्ष समाधान पर पाठ शामिल हो सकते हैं। शिक्षक साहित्य, फिल्मों और अन्य मीडिया का उपयोग सहानुभूति पर चर्चा को प्रेरित करने और छात्रों को अपनी भावनाओं और अनुभवों पर विचार करने के लिए प्रोत्साहित कर सकते हैं। सहानुभूति को स्पष्ट रूप से सिखाकर, शिक्षक छात्रों को जटिल सामाजिक स्थितियों को नेविगेट करने, स्वस्थ संबंध बनाने, और संघर्षों को शांतिपूर्वक हल करने के लिए आवश्यक उपकरण प्रदान कर सकते हैं।

एक देखभाल करने वाले कक्षा समुदाय का निर्माण विविधता का उत्सव मनाने और समावेशिता को बढ़ावा देने में भी शामिल है। इसका अर्थ है प्रत्येक छात्र की अद्वितीय ताकत और दृष्टिकोण को पहचानना और महत्व देना, चाहे उनकी पृष्ठभूमि, संस्कृति, या सीखने की शैली कुछ भी हो। इसका अर्थ है ऐसा वातावरण बनाना जहाँ सभी छात्र स्वागत, सम्मानित और समर्थित महसूस करें। एकता और जुड़ाव की भावना को बढ़ावा देकर, शिक्षक ऐसा कक्षा समुदाय बना सकते हैं जहाँ छात्र जोखिम उठाने, खुद को व्यक्त करने, और एक-दूसरे से सीखने में सुरक्षित महसूस करें।

कक्षा में सहानुभूति केवल शैक्षणिक पाठ्यक्रम तक सीमित नहीं है। यह देखभाल और करुणा की एक संस्कृति बनाने के बारे में है जो सीखने के माहौल के हर पहलू में व्याप्त हो। इसे साधारण दयालुता के कार्यों के माध्यम से बढ़ावा दिया जा सकता है, जैसे कि छात्र की उपलब्धियों को पहचानना और उनका जश्न मनाना, प्रोत्साहन के शब्द प्रदान करना, और चुनौतीपूर्ण समय में समर्थन देना। इसे छात्रों को अपने समुदाय को वापस देने के अवसर प्रदान करके भी बढ़ावा दिया जा सकता

है, जैसे कि स्थानीय आश्रय में स्वयंसेवा करना या धन जुटाने के कार्यक्रम में भाग लेना।

कक्षा में सहानुभूति के लाभ अनेक और दूरगामी हैं। जो छात्र अपने शिक्षकों और साथियों द्वारा समझे और समर्थित महसूस करते हैं, उनके अपनी पढ़ाई में लगे रहने, प्रेरित होने, और सफल होने की संभावना अधिक होती है। वे आत्म-जागरूकता, आत्म-नियमन, और सामाजिक जागरूकता जैसे मजबूत सामाजिक-भावनात्मक कौशल विकसित करने की भी अधिक संभावना रखते हैं। ये कौशल स्वस्थ संबंध बनाने, जटिल सामाजिक स्थितियों को नेविगेट करने, और एक अधिक करुणामय और न्यायपूर्ण समाज में योगदान करने के लिए आवश्यक हैं।

कक्षा में सहानुभूति केवल "अच्छा-होने वाली" बात नहीं है; यह एक आवश्यकता है। एक ऐसी दुनिया में जो तेजी से ध्रुवीकृत और विभाजित होती जा रही है, सहानुभूति को बढ़ावा देना पहले से कहीं अधिक महत्वपूर्ण है। एक देखभाल करने वाले कक्षा समुदाय को बनाकर, शिक्षक छात्रों को विभाजन को पाटने, संबंध बनाने, और एक अधिक करुणामय और समावेशी दुनिया बनाने के लिए आवश्यक कौशल से लैस कर सकते हैं।

पशु सहानुभूति यह समझ है कि सभी जीवित प्राणी करुणा और सम्मान के पात्र हैं। यह जानवरों की अंतर्निहित योग्यता और उनके कष्टमुक्त जीवन जीने के अधिकार की मान्यता है।

करुणा वह गहना है, जो आत्मा को सजाता है,
यह हर दिल को अपना बना जाता है।
सहानुभूति से भरा युवा ही सच्चा नायक है,
जो दुनिया में आशा की लौ जलाता है।

15

सहानुभूतिपूर्ण बच्चों का पालन-पोषण: करुणामय हृदय का पोषण

सहानुभूतिपूर्ण बच्चों का पालन-पोषण करना, जो दूसरों की भावनाओं को समझ सकें और साझा कर सकें, माता-पिता, शिक्षकों और समाज के लिए एक महत्वपूर्ण कार्य है। सहानुभूति केवल एक वांछनीय गुण नहीं है; यह स्वस्थ संबंधों, भावनात्मक बुद्धिमत्ता, और परोपकारी व्यवहार के लिए एक मौलिक आधार है। जो बच्चे सहानुभूति विकसित करते हैं, वे अधिक दयालु, करुणामय, और मददगार व्यक्तित्व वाले होते हैं, जो अपने समुदायों में सकारात्मक योगदान देते हैं। बच्चों में करुणामय हृदय का पोषण करने के लिए सहायक वातावरण तैयार करना, सहानुभूतिपूर्ण व्यवहार का आदर्श प्रस्तुत करना, और बच्चों को उनके सहानुभूतिपूर्ण कौशल का अभ्यास और विकास करने के अवसर प्रदान करना आवश्यक है।

सहानुभूतिपूर्ण बच्चों के पालन-पोषण की नींव जीवन के प्रारंभिक वर्षों में रखी जाती है। शिशु और छोटे बच्चे स्वाभाविक रूप से अपने देखभालकर्ताओं की भावनाओं के प्रति संवेदनशील होते हैं, और वे अवलोकन और बातचीत के माध्यम से सहानुभूति के बारे में सीखते हैं। माता-पिता और देखभालकर्ता छोटे बच्चों

में सहानुभूति को संवेदनशीलता और समझ के साथ उनकी भावनात्मक प्रतिक्रियाओं का उत्तर देकर बढ़ावा दे सकते हैं। इसका अर्थ है उनकी भावनाओं को स्वीकार करना, उनके अनुभवों को मान्यता देना, और उन्हें सांत्वना और समर्थन प्रदान करना। इसमें बच्चों से भावनाओं के बारे में बात करना, उन्हें अपनी भावनाओं की पहचान करने और नाम देने में मदद करना, और अपनी भावनाओं को व्यक्त करने के स्वस्थ तरीके सिखाना भी शामिल है।

जैसे-जैसे बच्चे बड़े होते हैं, वे सामाजिक संपर्क और खेल के माध्यम से अपनी सहानुभूतिपूर्ण क्षमताओं को विकसित करते रहते हैं। माता-पिता बड़े बच्चों में सहानुभूति को बढ़ावा देने के लिए उन्हें विभिन्न प्रकार के लोगों के साथ बातचीत करने, विभिन्न संस्कृतियों और दृष्टिकोणों के बारे में जानने, और सहयोग और समझ को बढ़ावा देने वाली गतिविधियों में भाग लेने के अवसर प्रदान कर सकते हैं। इसमें समुदाय में स्वयंसेवा करना, सांस्कृतिक कार्यक्रमों में भाग लेना, या बस विभिन्न पृष्ठभूमि के लोगों के साथ बातचीत करना शामिल हो सकता है।

सहानुभूति सिखाने के सबसे शक्तिशाली तरीकों में से एक है उदाहरण प्रस्तुत करना। बच्चे अपने आस-पास के वयस्कों के व्यवहार को देखकर सीखते हैं। जब माता-पिता और देखभालकर्ता अपने जीवन में सहानुभूति का प्रदर्शन करते हैं, तो बच्चे इन मूल्यों को आत्मसात करने और उन्हें अपने व्यवहार में शामिल करने की अधिक संभावना रखते हैं। इसका अर्थ है बच्चों की भावनाओं के साथ-साथ दूसरों की भावनाओं के प्रति सहानुभूति दिखाना। इसका अर्थ सहानुभूति के बारे में खुले और ईमानदार तरीके से बात करना, यह समझाना कि यह क्यों महत्वपूर्ण है और इसे कैसे अभ्यास में लाया जा सकता है।

आदर्श प्रस्तुत करने के अलावा, माता-पिता कहानी सुनाने और भूमिका निभाने का उपयोग सहानुभूति सिखाने के लिए कर सकते हैं। ऐसी कहानियाँ जो विभिन्न दृष्टिकोणों और अनुभवों का अन्वेषण करती हैं, बच्चों को दूसरों की भावनाओं और प्रेरणाओं को समझने में मदद कर सकती हैं। भूमिका निभाने वाली गतिविधियाँ बच्चों को किसी अन्य व्यक्ति के स्थान पर खड़े होने और कल्पना करने की अनुमति देती हैं कि वे कैसा महसूस कर सकते हैं। ये गतिविधियाँ बच्चों को समस्या समाधान कौशल विकसित करने और शांतिपूर्ण तरीके से संघर्ष को हल करने का तरीका सीखने में भी मदद कर सकती हैं।

सहानुभूतिपूर्ण बच्चों के पालन-पोषण का एक और महत्वपूर्ण पहलू उन्हें वास्तविक जीवन की स्थितियों में सहानुभूति का अभ्यास करने के अवसर प्रदान करना है। इसमें उन्हें दूसरों की मदद करने के लिए अपना समय स्वेच्छा से देने, सामुदायिक सेवा परियोजनाओं में भाग लेने, या किसी जरूरतमंद व्यक्ति को एक दयालु शब्द या इशारा देने के लिए प्रोत्साहित करना शामिल हो सकता है। दयालुता के कार्यों में सक्रिय रूप से शामिल होकर, बच्चे देने की खुशी और अपने चारों ओर की दुनिया पर पड़ने वाले सकारात्मक प्रभाव का प्रत्यक्ष अनुभव कर सकते हैं।

सहानुभूतिपूर्ण बच्चों का पालन-पोषण हमेशा आसान नहीं होता। इसके लिए धैर्य, स्थिरता, और अपने बच्चों के साथ-साथ सीखने और बढ़ने की इच्छा की आवश्यकता होती है। इसके लिए हमें एक ऐसा सुरक्षित और सहायक वातावरण बनाना पड़ता है जहाँ बच्चे अपनी भावनाओं को व्यक्त करने और अपनी सहानुभूतिपूर्ण क्षमताओं का अन्वेषण करने में सहज महसूस करें। लेकिन सहानुभूतिपूर्ण बच्चों को पालने के पुरस्कार अमूल्य हैं। सहानुभूतिपूर्ण बच्चे अधिक खुश, स्वस्थ, और भली-भांति संतुलित व्यक्ति बनने की संभावना रखते हैं, जो अपने परिवारों, समुदायों और दुनिया में सकारात्मक योगदान देते हैं।

आत्म-करुणा आंतरिक शांति और कल्याण की नींव है। यह अपने आप को उसी दया, समझ, और क्षमा के साथ व्यवहार करने का अभ्यास है, जैसा हम एक प्रिय मित्र के साथ करेंगे।

युवाओं में करुणा जागृत हो, तो जग जागे,
हर कोना प्रेम से फिर मुस्काने लगे।
सहानुभूति वह शक्ति है जो बिना तलवार के जीत दिला दे,
दुनिया को एक परिवार बना दे।

16

जरूरतमंदों की मदद करना: लौटाने का आनंद

जरूरतमंदों की मदद करना एक मौलिक मानवीय कार्य है जो सांस्कृतिक सीमाओं और सामाजिक विभाजनों से परे है। यह दया, करुणा, और सहानुभूति का ऐसा कार्य है जो देने वाले और प्राप्त करने वाले दोनों के लिए अपार आनंद और संतोष लेकर आता है। लौटाने का कार्य, चाहे वह समय देने, संसाधन दान करने, या बस मदद का हाथ बढ़ाने के माध्यम से हो, न केवल जरूरतमंदों को लाभ पहुंचाता है बल्कि देने वालों के जीवन को भी समृद्ध करता है। यह जुड़ाव, उद्देश्य, और अपनापन की भावना को बढ़ावा देता है, हमें हमारी साझा मानवता और सभी प्राणियों की परस्पर जुड़ाव की याद दिलाता है।

लौटाने का आनंद दूसरों के साथ जुड़ने और दुनिया पर सकारात्मक प्रभाव डालने की गहरी मानवीय आवश्यकता से उत्पन्न होता है। जब हम दूसरों की मदद करते हैं, तो हम उन मौलिक प्रवृत्तियों को प्रकट करते हैं जो जरूरतमंदों की देखभाल और समर्थन के लिए हमारी प्रेरणा बनती हैं। यह प्रवृत्ति हमारे विकासवादी इतिहास में निहित है, जहाँ सहयोग और आपसी सहायता जीवित रहने के लिए आवश्यक थे। आधुनिक समय में, भले ही जीवित रहने की आवश्यकता उतनी तीव्र न हो, लेकिन जुड़ने और योगदान करने की इच्छा एक शक्तिशाली प्रेरणा बनी रहती है।

लौटाने के कई रूप हो सकते हैं, और प्रत्येक के अपने अनूठे पुरस्कार होते हैं। स्थानीय आश्रय, खाद्य बैंक, या सामुदायिक केंद्र में समय देना हमें उद्देश्य और

संतोष प्रदान कर सकता है, क्योंकि हम अपनी कौशल और प्रतिभाओं का उपयोग दूसरों के जीवन में वास्तविक बदलाव लाने के लिए करते हैं। गरीबी, भूख, और बेघरपन जैसे सामाजिक मुद्दों को संबोधित करने के लिए चैरिटेबल संगठनों को धन या संसाधन दान करना भी मदद कर सकता है। यहाँ तक कि छोटे-छोटे दयालुता के कार्य, जैसे पड़ोसी की किराने का सामान उठाने में मदद करना या किसी जरूरतमंद मित्र की बात सुनना, दूसरों के जीवन पर गहरा प्रभाव डाल सकते हैं और देने वाले को आनंद दे सकते हैं।

लौटाने के लाभ हमारी उदारता के प्राप्तकर्ताओं तक सीमित नहीं हैं। अनुसंधानों से पता चला है कि दूसरों की मदद करना हमारे अपने शारीरिक और मानसिक स्वास्थ्य पर भी सकारात्मक प्रभाव डाल सकता है। अध्ययनों में पाया गया है कि स्वयंसेवा तनाव को कम कर सकता है, रक्तचाप को घटा सकता है, और प्रतिरक्षा प्रणाली को मजबूत कर सकता है। यह खुशी, जीवन संतोष, और आत्म-सम्मान को भी बढ़ा सकता है। ऐसा इसलिए है क्योंकि लौटाने का कार्य हमारे मस्तिष्क के इनाम केंद्रों को सक्रिय करता है, एंडोर्फिन और अन्य सकारात्मक रसायनों को छोड़ता है। यह अकेलेपन और अलगाव की भावनाओं को भी कम करने में मदद करता है, जुड़ाव और अपनापन की भावना को बढ़ावा देता है।

लौटाने का एक लहरदार प्रभाव भी होता है, जो दूसरों को हमारे उदाहरण का अनुसरण करने के लिए प्रेरित करता है। जब हम किसी को दूसरों की मदद करते हुए देखते हैं, तो हम भी ऐसा करने के लिए प्रेरित होते हैं। यह दयालुता और उदारता की एक श्रृंखला प्रतिक्रिया पैदा करता है जो समुदायों और यहाँ तक कि पूरे समाजों को बदल सकता है। लौटाने का आनंद केवल उस तत्काल प्रभाव के बारे में नहीं है जो हम दूसरों पर डालते हैं, बल्कि उस दीर्घकालिक सकारात्मक बदलाव के बारे में भी है जिसे हम दुनिया में बना सकते हैं।

व्यक्तिगत लाभों के अलावा, लौटाने का समाज पर भी सकारात्मक प्रभाव पड़ता है। जब हम अपना समय देते हैं, संसाधन दान करते हैं, या बस मदद का हाथ बढ़ाते हैं, तो हम सार्वजनिक भलाई में योगदान करते हैं। हम अपने समुदायों को मजबूत करते हैं, जरूरतमंदों का समर्थन करते हैं, और एक अधिक न्यायपूर्ण और समान समाज का निर्माण करते हैं। सामाजिक चुनौतियों का समाधान करने के लिए एक साथ काम करके, हम एक ऐसी दुनिया बना सकते हैं जहाँ हर किसी को फलने-

फूलने का अवसर मिले।

लौटाने का आनंद एक सार्वभौमिक मानवीय अनुभव है जो उम्र, जाति, लिंग, और सामाजिक-आर्थिक स्थिति से परे है। कोई भी व्यक्ति, चाहे उसकी परिस्थितियाँ कैसी भी हों, लौटाने का आनंद अनुभव कर सकता है। चाहे हम युवा हों या वृद्ध, समृद्ध हों या गरीब, सक्षम हों या विकलांग, हमारे पास कुछ न कुछ ऐसा होता है जो हम दे सकते हैं। यहाँ तक कि दयालुता के छोटे कार्य भी दूसरों के जीवन में बड़ा बदलाव ला सकते हैं और हमें आनंद और संतोष प्रदान कर सकते हैं।

एक ऐसी दुनिया में जो अक्सर व्यक्तिवाद और स्वार्थ पर केंद्रित लगती है, लौटाने का कार्य हमें हमारी परस्परता और एक-दूसरे की देखभाल करने के महत्व की याद दिलाता है। यह निराशावाद और निराशा के लिए एक शक्तिशाली प्रतिरोधक है, एक बेहतर भविष्य के लिए आशा और प्रेरणा प्रदान करता है। लौटाने का आनंद अपनाकर, हम न केवल अपने जीवन को बदल सकते हैं बल्कि एक अधिक करुणामय और न्यायपूर्ण दुनिया में भी योगदान कर सकते हैं।

शिक्षा वह कुंजी है जो एक अधिक करुणामय दुनिया का द्वार खोलती है। बच्चों को सहानुभूति, भावनात्मक बुद्धिमत्ता, और दया के बारे में सिखाकर, हम उन्हें अपने लिए और आने वाली पीढ़ियों के लिए एक उज्जवल भविष्य बनाने का अधिकार प्रदान करते हैं।

दूसरे की पीड़ा को देखकर जो चुप न रहे,
वही युवा असल में बदलाव के बीज बहे।
करुणा उसे कायर नहीं, साहसी बनाती है,
जो हर अन्याय के सामने आवाज़ उठाती है।

17

पर्यावरणीय सहानुभूति: हमारे ग्रह की देखभाल

पर्यावरणीय सहानुभूति, जो प्राकृतिक दुनिया की भावनाओं को समझने और साझा करने की क्षमता है, जलवायु परिवर्तन और पर्यावरणीय क्षरण के परिणामों से निपटने के साथ ही बढ़ती हुई महत्वपूर्ण अवधारणा बन गई है। यह इस बात को पहचानने का प्रयास है कि पृथ्वी केवल एक संसाधन नहीं है जिसका शोषण किया जाए, बल्कि यह एक जीवित प्राणी है जिसका अपना अंतर्निहित मूल्य है। यह सहानुभूति मानव-केंद्रित दृष्टिकोण से परे जाती है और हमें ग्रह और इसके सभी निवासियों की जरूरतों और कल्याण को ध्यान में रखने के लिए आमंत्रित करती है, चाहे वे छोटे सूक्ष्मजीव हों या जीवन को बनाए रखने वाले विशाल पारिस्थितिकी तंत्र।

पर्यावरणीय सहानुभूति की खेती केवल प्रकृति की सुंदरता और अद्भुतता को पहचानने के बारे में नहीं है; यह सभी जीवित प्राणियों की परस्पर निर्भरता को समझने और प्राकृतिक दुनिया पर हमारी अपनी निर्भरता को पहचानने के बारे में है। इसमें यह पहचानना शामिल है कि हमारे कार्यों के परिणाम होते हैं, न केवल हमारे लिए बल्कि पूरे ग्रह के लिए। जब हम अपनी नदियों और महासागरों को प्रदूषित करते हैं, जंगलों को नष्ट करते हैं, या ग्रीनहाउस गैसों का उत्सर्जन करते हैं, तो हम केवल पर्यावरण को नुकसान नहीं पहुंचाते, बल्कि हम खुद को और आने वाली पीढ़ियों को भी नुकसान पहुंचाते हैं।

पर्यावरणीय सहानुभूति दृष्टिकोण में बदलाव की मांग करती है, प्रभुत्व और नियंत्रण से लेकर प्रबंधन और जिम्मेदारी तक। यह हमें मानव-केंद्रित दृष्टिकोण से आगे बढ़ने और एक अधिक पर्यावरण-केंद्रित दृष्टिकोण को अपनाने के लिए प्रेरित करती है, जो सभी जीवित प्राणियों और पारिस्थितिक तंत्रों के अंतर्निहित मूल्य को मान्यता देती है। इस दृष्टिकोण में बदलाव एक अधिक स्थायी और सामंजस्यपूर्ण संबंध की ओर ले जा सकता है, जहाँ हम अल्पकालिक आर्थिक लाभों के बजाय ग्रह और इसके निवासियों के कल्याण को प्राथमिकता देते हैं।

पर्यावरणीय सहानुभूति के प्रमुख पहलुओं में से एक प्रकृति के साथ एक संबंध विकसित करना है। इसे प्रकृति में समय बिताकर, इसकी सुंदरता और जटिलता का अवलोकन करके, और जीवन को बनाए रखने में इसकी भूमिका की सराहना करके प्राप्त किया जा सकता है। इसे विभिन्न प्रजातियों और पारिस्थितिक तंत्रों के बीच जटिल संबंधों के बारे में जानकर और पृथ्वी पर जीवन को बनाए रखने वाले नाजुक संतुलन को समझकर भी बढ़ावा दिया जा सकता है। प्रकृति के साथ यह संबंध हमारे कार्यों के पर्यावरण पर प्रभाव की गहरी समझ और इसे संरक्षित करने की जिम्मेदारी की भावना की ओर ले जा सकता है।

पर्यावरणीय सहानुभूति का एक और महत्वपूर्ण पहलू प्रकृति के अंतर्निहित मूल्य को पहचानना है। इसका अर्थ है प्रकृति को उसके अपने लिए महत्व देना, न कि केवल उसके मानव उपयोगिता के लिए। इसका मतलब यह है कि सभी जीवित प्राणी, चाहे वे छोटे कीड़े हों या बड़े स्तनधारी, मौजूद रहने और फलने-फूलने का अधिकार रखते हैं। इसका अर्थ है प्रकृति के सौंदर्यात्मक और आध्यात्मिक मूल्य की सराहना करना, उसके विस्मय, आश्चर्य, और हमारे से बड़ी किसी चीज़ से जुड़ाव की भावना को प्रेरित करने की क्षमता को पहचानना।

पर्यावरणीय सहानुभूति में पर्यावरण की रक्षा के लिए कार्रवाई करना भी शामिल है। यह छोटे व्यक्तिगत कार्यों से लेकर, जैसे कि अपने कार्बन पदचिह्न को कम करना, पानी का संरक्षण करना, और पुनर्चक्रण करना, बड़े सामूहिक प्रयासों तक हो सकता है, जैसे कि पर्यावरणीय नीतियों की वकालत करना, सतत व्यवसायों का समर्थन करना, और पर्यावरणीय सक्रियता में भाग लेना। प्रत्येक कार्य, चाहे वह कितना भी छोटा क्यों न हो, हमारे ग्रह की रक्षा करने और सभी के लिए एक स्थायी भविष्य सुनिश्चित करने में फर्क डाल सकता है।

पर्यावरणीय सहानुभूति की खेती न केवल नैतिक अनिवार्यता है बल्कि एक व्यावहारिक आवश्यकता भी है। जैसे-जैसे हम जलवायु परिवर्तन, प्रदूषण, और संसाधनों की कमी की बढ़ती चुनौतियों का सामना करते हैं, हमें यह पहचानना चाहिए कि हमारा खुद का कल्याण ग्रह के स्वास्थ्य से अविभाज्य रूप से जुड़ा हुआ है। प्राकृतिक दुनिया के लिए एक गहरी समझ और सराहना विकसित करके, हम अधिक सूचित और जिम्मेदार निर्णय ले सकते हैं जो न केवल हमारे लिए बल्कि पर्यावरण के लिए भी फायदेमंद होंगे।

पर्यावरणीय सहानुभूति केवल ग्रह के लिए बुरा महसूस करने के बारे में नहीं है; यह इसे बचाने के लिए कार्रवाई करने के बारे में है। यह यह पहचानने के बारे में है कि हम एक बड़े पारिस्थितिकी तंत्र का हिस्सा हैं और हमारे कार्यों के सभी जीवित प्राणियों के लिए परिणाम हैं। पर्यावरणीय सहानुभूति को अपनाकर, हम प्राकृतिक दुनिया के साथ एक अधिक स्थायी और सामंजस्यपूर्ण संबंध को बढ़ावा दे सकते हैं, भविष्य की पीढ़ियों के लिए एक स्वस्थ ग्रह सुनिश्चित कर सकते हैं।

नेतृत्व शक्ति या नियंत्रण के बारे में नहीं है; यह उदाहरण के माध्यम से दूसरों को प्रेरित करने के बारे में है। करुणा का आदर्श प्रस्तुत करके, हम दयालुता की ऐसी लहर बना सकते हैं जो हमारे कार्यस्थलों, समुदायों, और दुनिया को बदल दे।

सहानुभूति वह सूरज है, जो भीतर से उजाला करता है,
युवाओं को संवेदना और समझदारी का रास्ता दिखाता है।
यह एक जीवन-दर्शन है, कोई क्षणिक भावना नहीं,
जो हर युवा को महानता की ओर ले जाती है वहीं।

18

पशु सहानुभूति: सभी जीवित प्राणियों के लिए करुणा

पशु सहानुभूति, जो जानवरों की भावनाओं को समझने और साझा करने की क्षमता है, हमारी मानवता का एक गहरा पहलू है, जो करुणा के दायरे को हमारी अपनी प्रजाति से परे ले जाता है। यह मान्यता देता है कि जानवर भी मनुष्यों की तरह संवेदनशील प्राणी हैं, जो आनंद, भय, दर्द, और शोक जैसी भावनाओं की एक विस्तृत श्रृंखला का अनुभव करने में सक्षम हैं। पशु सहानुभूति को अपनाना केवल भावुकता का मामला नहीं है; यह एक नैतिक आवश्यकता है, जो हमें जानवरों के प्रति सम्मान, दया, और विचारशीलता के साथ व्यवहार करने के लिए प्रेरित करती है, उनके अंतर्निहित मूल्य और पीड़ामुक्त जीवन जीने के उनके अधिकार को पहचानती है।

पशु सहानुभूति की नींव इस मान्यता में निहित है कि जानवर केवल वस्तुएँ या वस्तुएँ नहीं हैं, बल्कि अपने स्वयं के अनूठे व्यक्तित्व, आवश्यकताओं, और इच्छाओं वाले जीवित प्राणी हैं। वे केवल जीवविज्ञानीय मशीनें नहीं हैं, जिन्हें केवल जीवित रहने और प्रजनन के लिए तैयार किया गया है, बल्कि जटिल व्यक्ति हैं, जो एक समृद्ध भावनात्मक जीवन जीने में सक्षम हैं। यह मान्यता उस मानव-केंद्रित दृष्टिकोण को चुनौती देती है, जो मनुष्यों को प्राणियों के पदानुक्रम में शीर्ष पर रखती है, और हमें जानवरों को इस ग्रह के सह-निवासी के रूप में देखने

के लिए आमंत्रित करती है, जो हमारे सम्मान और करुणा के पात्र हैं।

वैज्ञानिक अनुसंधान ने यह बढ़ता हुआ समर्थन दिया है कि जानवर आनंद, दुःख, भय, क्रोध, और प्रेम जैसी भावनाओं का अनुभव करने में सक्षम हैं। वे जटिल सामाजिक बंधन बनाते हैं, प्रियजनों के खोने का शोक मनाते हैं, और सुख और दर्द का अनुभव करते हैं। वे परोपकार, सहयोग, और यहाँ तक कि निष्पक्षता की भावना प्रदर्शित करते हैं। ये निष्कर्ष जानवरों को केवल प्रवृत्ति-चालित प्राणी के रूप में देखने के पारंपरिक दृष्टिकोण को चुनौती देते हैं और उनके साथ हमारे संबंध की पुनर्मूल्यांकन की मांग करते हैं।

जानवरों के प्रति सहानुभूति में केवल उनकी भावनाओं की क्षमता को स्वीकार करना शामिल नहीं है; यह उनके कष्टों को कम करने के लिए कार्रवाई करने की भी मांग करता है। इसमें पशु कल्याण की वकालत करना, पशु बचाव संगठनों का समर्थन करना, और उन उत्पादों और गतिविधियों के बारे में सचेत विकल्प बनाना शामिल हो सकता है, जिनमें हम भाग लेते हैं। इसका मतलब यह भी है कि हमारे दैनिक जीवन में जानवरों के प्रति दयालुता और सम्मान दिखाना, चाहे वह हमारे पालतू जानवर हों, प्रकृति में मिलने वाले जानवर हों, या भोजन के लिए पाले गए जानवर हों।

पशु सहानुभूति को बढ़ावा देने के सबसे शक्तिशाली तरीकों में से एक है शिक्षा। जानवरों के जीवन और अनुभवों के बारे में सीखने से हमें उन्हें व्यक्तियों के रूप में देखने में मदद मिल सकती है, न कि केवल उनकी प्रजातियों के प्रतिनिधियों के रूप में। इसमें पशु व्यवहार पर किताबें और लेख पढ़ना, पशु कल्याण पर वृत्तचित्र देखना, या पशु आश्रयों और बचाव केंद्रों का दौरा करना शामिल हो सकता है। जानवरों को होने वाली चुनौतियों, जैसे आवास हानि, शिकार, और फैक्ट्री खेती के बारे में जानकर, हम अपने कार्यों के उनके जीवन पर पड़ने वाले प्रभाव के बारे में अधिक जागरूक हो सकते हैं और उनकी रक्षा के लिए कार्रवाई करने के लिए अधिक प्रेरित हो सकते हैं।

पशु सहानुभूति का एक और महत्वपूर्ण पहलू सभी जीवित प्राणियों की परस्पर निर्भरता को पहचानना है। मनुष्य प्रकृति से अलग नहीं हैं; हम जीवन के एक विशाल जाल का हिस्सा हैं, जहाँ प्रत्येक जीव पारिस्थितिकी तंत्र के संतुलन को

बनाए रखने में भूमिका निभाता है। जब हम जानवरों को नुकसान पहुँचाते हैं, तो हम न केवल उन्हें कष्ट पहुँचाते हैं, बल्कि हम प्रकृति के नाजुक संतुलन को भी बाधित करते हैं, जिसके संभावित विनाशकारी परिणाम हमारे लिए और भविष्य की पीढ़ियों के लिए हो सकते हैं।

पशु सहानुभूति केवल जानवरों के प्रति दुःख महसूस करने के बारे में नहीं है; यह सभी जीवित प्राणियों के लिए एक अधिक न्यायपूर्ण और करुणामय दुनिया बनाने के लिए कार्रवाई करने के बारे में है। यह यह पहचानने के बारे में है कि जानवर यहाँ हमारे शोषण के लिए नहीं हैं, बल्कि हमारे साथ इस ग्रह को साझा करने के लिए हैं, प्रत्येक अपने अद्वितीय मूल्य और उद्देश्य के साथ। पशु सहानुभूति को अपनाकर, हम प्राकृतिक दुनिया के साथ एक अधिक सामंजस्यपूर्ण और टिकाऊ संबंध को बढ़ावा दे सकते हैं, जो मनुष्यों और जानवरों दोनों के लिए एक उज्जवल भविष्य सुनिश्चित करता है।

संघर्ष शांति का शत्रु नहीं है; यह विकास और समझ के लिए एक अवसर है। सहानुभूति और जीत-जीत समाधान खोजने की इच्छा के साथ संघर्ष का सामना करके, हम मजबूत संबंध बना सकते हैं और एक अधिक सामंजस्यपूर्ण समाज बना सकते हैं।

जब युवा करुणा से सोचते हैं, तो क्रांति होती है,
उनकी संवेदनाएं समाज की नींव बनती हैं।
सहानुभूति से भरे हाथ जब मदद करते हैं,
तो नफरतें पिघलती हैं, और प्रेम उगते हैं।

19

आत्म-करुणा: स्वयं के प्रति दयालु बनना

आत्म-करुणा, जिसे अक्सर आत्म-विलास या कमजोरी के रूप में गलत समझा जाता है, वास्तव में अपने प्रति दयालुता और समझ का एक गहन कार्य है। यह अभ्यास है जिसमें हम अपने आपको उसी गर्मजोशी, चिंता, और समर्थन के साथ देखते हैं, जैसा कि हम किसी प्रिय मित्र को उसकी कठिनाई में दिखाते। आत्म-करुणा का अर्थ है अपने कष्ट को पहचानना, उसके प्रति दयालुता और समझ के साथ प्रतिक्रिया देना, और हमारी सामान्य मानवता को स्वीकार करना। यह आत्म-आलोचना, शर्म, और आत्म-संदेह के लिए एक शक्तिशाली उपाय है और यह हमारे कल्याण और खुशी पर गहरा प्रभाव डाल सकता है।

अपने मूल में, आत्म-करुणा हमारे अपूर्णताओं को अपनाने और स्वयं को वैसे ही स्वीकार करने के बारे में है, जैसा हम हैं, दोषों के साथ। यह इस तथ्य को पहचानने के बारे में है कि हम सभी मनुष्य हैं, हम सभी गलतियाँ करते हैं, और हम सभी दर्द और कष्ट का अनुभव करते हैं। जब हम आत्म-करुणा का अभ्यास करते हैं, तो हम स्वीकार करते हैं कि हमारी कठिनाइयाँ अद्वितीय या पृथक नहीं हैं; वे साझा मानव अनुभव का हिस्सा हैं। इस सामान्य मानवता को पहचानने से अलगाव और शर्म की भावनाओं को कम करने में मदद मिल सकती है, जिससे हम दूसरों के साथ गहरे स्तर पर जुड़ सकते हैं।

आत्म-करुणा में अपने कष्टों के प्रति दयालुता और समझ के साथ प्रतिक्रिया

देना भी शामिल है। जब हम असफलताओं, कठिनाइयों, या कठिन भावनाओं का सामना करते हैं, तो हम अक्सर आत्म-आलोचना, निर्णय, और दोषारोपण के साथ प्रतिक्रिया करते हैं। हालाँकि, आत्म-करुणा हमें हमारे संघर्षों के प्रति गर्मजोशी और देखभाल के साथ संपर्क करने के लिए प्रोत्साहित करती है, हमें वही आराम और समर्थन प्रदान करने के लिए प्रेरित करती है जो हम किसी प्रियजन को प्रदान करेंगे। इसमें हमारे दर्द को स्वीकार करना, हमारी भावनाओं को मान्यता देना, और अपने आपसे दयालुता और प्रोत्साहन के साथ बात करना शामिल है।

आत्म-करुणा का एक और महत्वपूर्ण पहलू है सतर्कता, अर्थात वर्तमान क्षण पर बिना निर्णय किए ध्यान देना। जब हम सतर्क होते हैं, तो हम अपने विचारों और भावनाओं को देख सकते हैं बिना उनमें फंसने के। यह हमें अंतर और दृष्टिकोण की भावना पैदा करने की अनुमति देता है, यह पहचानने की कि हमारे विचार और भावनाएँ तथ्य नहीं हैं, बल्कि वे अस्थायी अनुभव हैं जो आते और जाते हैं। सतर्कता हमें आत्म-जागरूकता को बढ़ावा देने में भी मदद कर सकती है, जिससे हम अपनी ज़रूरतों और उत्प्रेरकों की पहचान कर सकते हैं और उनके प्रति अधिक करुणामय और कुशल तरीके से प्रतिक्रिया कर सकते हैं।

आत्म-करुणा के लाभ अनेक और दूरगामी हैं। अनुसंधानों से पता चला है कि आत्म-करुणा का जुड़ाव बेहतर मानसिक स्वास्थ्य के साथ होता है, जिसमें चिंता, अवसाद, और तनाव का स्तर कम होता है। यह अधिक लचीलापन, प्रेरणा, और आत्म-सम्मान से भी जुड़ा हुआ है। इसके अलावा, आत्म-करुणा हमारे संबंधों को भी सुधार सकती है, क्योंकि यह हमें अपनी और दूसरों की अपूर्णताओं को अधिक स्वीकार और समझने योग्य बनाती है।

आत्म-करुणा की खेती एक सतत प्रक्रिया है, जिसमें धैर्य, अभ्यास, और अपने प्रति दयालु बनने की इच्छा की आवश्यकता होती है। आत्म-करुणा का अभ्यास करने के कई तरीके हैं, जैसे सतर्कता ध्यान, आत्म-करुणा से संबंधित लेखन अभ्यास, और ऐसी गतिविधियों में भाग लेना जो हमें खुशी और संतोष प्रदान करती हैं। यह सहायक और करुणामय लोगों के साथ खुद को घेरना भी मददगार है, जो प्रोत्साहन और समझ प्रदान कर सकते हैं।

आत्म-करुणा कमजोरी या आत्म-विलास का संकेत नहीं है। यह उपचार, विकास,

और परिवर्तन का एक शक्तिशाली उपकरण है। अपनी अपूर्णताओं को अपनाकर, अपने कष्टों के प्रति दयालुता के साथ प्रतिक्रिया देकर, और सामान्य मानवता की भावना को विकसित करके, हम अपने और अपने आस-पास के लोगों के लिए एक अधिक शांतिपूर्ण और संतोषजनक जीवन बना सकते हैं।

क्षमा वह मरहम है जो अतीत के घावों को भरता है, हमें प्रेम और करुणा के साथ आगे बढ़ने की स्वतंत्रता देता है। यह एक ऐसा उपहार है जो हम अपने और दूसरों को दे सकते हैं, एक ऐसा उपहार जो सुलह और आंतरिक शांति का द्वार खोलता है।

करुणा है वह गूंगी भाषा जो सबको छू जाती है,
यह बिना कहे दिलों की दीवारें गिरा देती है।
अगर युवाओं में यह बीज बोया जाए,
तो दुनिया और खूबसूरत हो जाए।

20

सहानुभूति के बीज फैलाना: एक अधिक करुणामय दुनिया बनाना

सहानुभूति, जिसे अक्सर दूसरों की भावनाओं को समझने और साझा करने की क्षमता के रूप में वर्णित किया जाता है, एक गौलिक मानवीय गुण है, जिसमें व्यक्तियों, समुदायों, और पूरी दुनिया को बदलने की शक्ति है। यह करुणा, दया, और समझ का आधार है, और इसे विकसित करना एक अधिक सामंजस्यपूर्ण और न्यायपूर्ण समाज बनाने के लिए आवश्यक है। सहानुभूति के बीज फैलाना एक बहुआयामी दृष्टिकोण की मांग करता है, जिसमें शिक्षा, संवाद, व्यक्तिगत अभ्यास, और प्रणालीगत परिवर्तन शामिल हैं। यह एक सामूहिक प्रयास है, जिसमें व्यक्तियों, परिवारों, समुदायों, और संस्थानों की भागीदारी आवश्यक है।

सहानुभूति फैलाने के सबसे प्रभावी तरीकों में से एक शिक्षा है। बच्चों को कम उम्र से ही सहानुभूति के बारे में सिखाकर, हम उन्हें मजबूत संबंध बनाने, संघर्षों को शांतिपूर्वक हल करने, और एक अधिक करुणामय दुनिया में योगदान करने के लिए उपकरण प्रदान कर सकते हैं। यह सामाजिक-भावनात्मक सीखने को शामिल करने वाले औपचारिक शिक्षा कार्यक्रमों के माध्यम से किया जा सकता है, साथ ही कहानी कहने, भूमिका निभाने, और भावनाओं और अनुभवों पर चर्चा जैसे अनौपचारिक साधनों के माध्यम से भी। बच्चों में सहानुभूति को बढ़ावा देकर, हम एक अधिक सहानुभूतिपूर्ण और करुणामय पीढ़ी के लिए नींव रख सकते हैं।

संचार भी सहानुभूति फैलाने में महत्वपूर्ण भूमिका निभाता है। जब हम दूसरों के साथ संवाद करते हैं, तो हमारे पास उनकी दृष्टिकोणों को गहराई से सुनने, समझने, और करुणा और समझ के साथ प्रतिक्रिया करने का अवसर होता है। इसमें सक्रिय सुनना शामिल है, जहाँ हम वास्तव में वक्ता के संदेश और भावनाओं पर ध्यान केंद्रित करते हैं, साथ ही अपने विचारों को स्पष्ट और सम्मानजनक तरीके से व्यक्त करते हैं। सहानुभूतिपूर्ण संवाद के माध्यम से, हम समझ के पुल बना सकते हैं, संघर्षों को हल कर सकते हैं, और एक अधिक सकारात्मक और सहायक सामाजिक वातावरण बना सकते हैं।

सहानुभूति फैलाने का एक और महत्वपूर्ण पहलू व्यक्तिगत अभ्यास है। अपने जीवन में सहानुभूति को विकसित करके, हम दूसरों के लिए आदर्श प्रस्तुत कर सकते हैं और करुणा की एक लहर पैदा कर सकते हैं। इसमें सतर्कता का अभ्यास करना शामिल हो सकता है, जो हमें अपनी और दूसरों की भावनाओं के प्रति अधिक जागरूक बनने में मदद करता है। यह सहानुभूति को बढ़ावा देने वाली गतिविधियों में भाग लेने में भी शामिल हो सकता है, जैसे स्वयंसेवा करना, साहित्य पढ़ना, या ऐसे फिल्में देखना जो विभिन्न दृष्टिकोणों और अनुभवों का अन्वेषण करती हैं।

एक अधिक करुणामय दुनिया बनाने के लिए प्रणालीगत परिवर्तन भी आवश्यक है। इसमें सामाजिक असमानता, अन्याय, और हिंसा के मूल कारणों को संबोधित करना शामिल है। इसका अर्थ है समानता, विविधता, और समावेश को बढ़ावा देने वाली नीतियों की वकालत करना। इसका अर्थ है उन संगठनों और पहलों का समर्थन करना, जो समुदायों में सहानुभूति और करुणा को बढ़ावा देने का काम करते हैं। एक साथ मिलकर एक अधिक न्यायपूर्ण और समान समाज बनाने के लिए काम करके, हम एक ऐसा वातावरण बना सकते हैं, जहाँ सहानुभूति फल-फूल सके।

सहानुभूति के बीज फैलाना एक सतत प्रक्रिया है, जिसमें प्रतिबद्धता, समर्पण, और सहयोग की आवश्यकता होती है। यह कोई त्वरित समाधान या जादुई उपाय नहीं है, बल्कि एक धीमा परिवर्तन है, जिसके लिए हमें अपने पूर्वाग्रहों को चुनौती देने, दूसरों के प्रति अपने दिलों को खोलने, और एक अधिक करुणामय दुनिया के लिए सक्रिय रूप से काम करने की आवश्यकता होती है।

सहानुभूति फैलाने के लाभ अनमोल हैं। जब हम अपने और दूसरों में सहानुभूति विकसित करते हैं, तो हम दयालुता, करुणा, और समझ की एक लहर पैदा करते हैं, जो व्यक्तियों, समुदायों, और दुनिया को बदल सकती है। हम मजबूत संबंध बना सकते हैं, संघर्षों को अधिक शांतिपूर्ण ढंग से हल कर सकते हैं, और एक अधिक न्यायपूर्ण और समान समाज बना सकते हैं। सहानुभूति के बीजों को पोषित करके, हम अपने लिए और आने वाली पीढ़ियों के लिए एक उज्जवल भविष्य बना सकते हैं।

सहानुभूति के बीज, एक बार बोए और पोषित किए जाने पर, दुनिया को बदलने की शक्ति रखते हैं। आइए हम अपने दिलों में करुणा को विकसित करें और इसकी रोशनी को पूरी दुनिया में फैलाएँ।

युवा जब सहानुभूति को अपनाते हैं,
तो वे सिर्फ अपने लिए नहीं, सबके लिए जीते हैं।
करुणा उन्हें जोड़ती है हर प्राणी से,
और उन्हें सच्चे अर्थों में मानव बनाती है।

21

सारांश

"सहानुभूति के बीज: युवा हृदयों में करुणा का पोषण" एक व्यापक मार्गदर्शिका है, जो सहानुभूति और करुणा की बहुआयामी प्रकृति और व्यक्तियों, संबंधों, और समाज पर उनके गहरे प्रभाव का अन्वेषण करती है। यह सारांश पुस्तक में प्रस्तुत मुख्य विषयों और अंतर्दृष्टियों को संक्षेप में प्रस्तुत करता है, यह बताते हुए कि युवा हृदयों में सहानुभूति को पोषित करना क्यों महत्वपूर्ण है और दैनिक जीवन में करुणा को विकसित करने के लिए व्यावहारिक रणनीतियाँ प्रदान करता है।

पुस्तक इस बात पर बल देकर शुरू होती है कि सहानुभूति करुणामय व्यक्तियों और समुदायों के निर्माण में एक आधारभूत भूमिका निभाती है। सहानुभूति, जो दूसरों की भावनाओं को समझने और साझा करने की क्षमता है, केवल एक संज्ञानात्मक समझ नहीं है, बल्कि एक भावनात्मक प्रतिक्रिया है, जो हमें दूसरों के साथ गहरे स्तर पर जोड़ने की अनुमति देती है। यह संबंध विश्वास, घनिष्ठता, और आपसी समझ को बढ़ावा देता है, जो सार्थक और स्थायी संबंधों की नींव बनाता है। सहानुभूति विकसित करके, हम विभाजनों को पाट सकते हैं, संघर्षों को शांतिपूर्वक हल कर सकते हैं, और एक अधिक सामंजस्यपूर्ण और न्यायपूर्ण समाज बना सकते हैं।

भावनात्मक बुद्धिमत्ता को पोषित करना सहानुभूति को बढ़ावा देने का एक महत्वपूर्ण पहलू है। इसमें अपनी भावनाओं के साथ-साथ दूसरों की भावनाओं को पहचानना और समझना शामिल है। यह हमें अपनी आंतरिक भावनात्मक अवस्थाओं के प्रति सतर्क रहने, हमारे द्वारा अनुभव की जा रही विशिष्ट

भावनाओं की पहचान करने, और उन भावनाओं के अंतर्निहित कारणों को समझने की आवश्यकता है। भावनात्मक बुद्धिमत्ता विकसित करके, हम अपनी भावनाओं को बेहतर तरीके से प्रबंधित कर सकते हैं, दूसरों के साथ अधिक प्रभावी ढंग से संवाद कर सकते हैं, और मजबूत, अधिक सार्थक संबंध बना सकते हैं।

सक्रिय सुनना सहानुभूति को विकसित करने और मजबूत संबंध बनाने के लिए एक शक्तिशाली उपकरण है। यह किसी व्यक्ति के संदेश, भावनाओं, और दृष्टिकोण को समझने के लिए मौखिक और गैर-मौखिक रूप से पूरी तरह से संलग्न होने का कार्य है। दूसरों को सक्रिय रूप से सुनकर, हम उनके अनुभवों को मान्यता देते हैं, उनकी भावनाओं को स्वीकार करते हैं, और उन्हें खुद को व्यक्त करने के लिए एक सुरक्षित स्थान प्रदान करते हैं। यह गहरे संबंध, बढ़े हुए विश्वास, और अधिक प्रभावी संवाद की ओर ले जा सकता है।

दयालुता सिखाना युवा हृदयों में करुणा को बढ़ावा देने का एक और महत्वपूर्ण पहलू है। इसमें केवल नियमों या व्यवहारों का पालन करना नहीं है, बल्कि एक ऐसा मानसिकता विकसित करना शामिल है, जो सहानुभूति, करुणा, और उदारता को महत्व देता है। यह सभी प्राणियों की परस्परता को पहचानने और यह समझने के बारे में है कि हमारे कार्य, चाहे कितने ही छोटे क्यों न हों, दूसरों के जीवन पर प्रभाव डाल सकते हैं। उदाहरण, कहानी कहने, और सक्रिय भागीदारी के माध्यम से दयालुता सिखाकर, हम बच्चों को अपने समुदायों और दुनिया में सकारात्मक बदलाव के कारक बनने का अधिकार प्रदान कर सकते हैं।

पुस्तक खेल के महत्व को भी सहानुभूति और सीखने में बढ़ावा देने पर जोर देती है। खेल बच्चों को मज़े और खेलों के माध्यम से खोजने, प्रयोग करने, और सीखने के अवसर प्रदान करता है। यह सामाजिक और भावनात्मक विकास को भी बढ़ावा देता है, जिससे बच्चों को दूसरों के साथ बातचीत करने, सामाजिक नियमों और मानदंडों को सीखने, और सहानुभूति और करुणा विकसित करने का मौका मिलता है। खेल के मूल्य को पहचानकर और संरक्षित करके, हम यह सुनिश्चित कर सकते हैं कि बच्चों के पास वे कौशल विकसित करने का अवसर हो, जिनकी उन्हें स्कूल और जीवन में सफल होने के लिए आवश्यकता है।

कहानी सुनाना सहानुभूति विकसित करने और दूसरों से जुड़ने के लिए एक

शक्तिशाली उपकरण है। कहानियाँ भावनाओं को प्रकट करने, धारणाओं को चुनौती देने, और हमारे दृष्टिकोणों को व्यापक बनाने की क्षमता रखती हैं। ऐसी कहानियाँ साझा करके, जो विभिन्न दृष्टिकोणों और अनुभवों का अन्वेषण करती हैं, हम बच्चों को अपने और दूसरों के बारे में गहरी समझ विकसित करने में मदद कर सकते हैं।

करुणा का आदर्श प्रस्तुत करना सहानुभूतिपूर्ण बच्चों को पोषित करने का एक और महत्वपूर्ण पहलू है। बच्चे अपने आस-पास के वयस्कों के व्यवहार का अवलोकन करके सीखते हैं। जब वे अपने माता-पिता, शिक्षकों, और अन्य आदर्शों को करुणा का प्रदर्शन करते हुए देखते हैं, तो वे अधिक संभावना रखते हैं कि वे इन मूल्यों को आत्मसात करें और अपने जीवन में शामिल करें।

सहानुभूति के बीजों को पोषित करना धैर्य, स्थिरता, और अपने बच्चों के साथ-साथ सीखने और बढ़ने की इच्छा की मांग करता है। यह एक सहायक वातावरण बनाने, सहानुभूतिपूर्ण व्यवहार का आदर्श प्रस्तुत करने, और बच्चों को उनके सहानुभूतिपूर्ण कौशल का अभ्यास और विकास करने के अवसर प्रदान करने की प्रक्रिया है। बच्चों में करुणामय हृदय का पोषण करके, हम अपने लिए, अपने समुदायों के लिए, और पूरी दुनिया के लिए एक उज्जवल भविष्य बना सकते हैं।

उद्धरण और संदर्भ

यह पुस्तक व्यापक अनुसंधान और सूक्ष्म विश्लेषण का परिणाम है, जिसमें विभिन्न स्रोतों जैसे अनेक पुस्तकों, विद्वानों के अध्ययन और व्यक्तिगत अनुभवों को सम्मिलित किया गया है। इसके अतिरिक्त, मैंने इस कार्य को संकलित करने के लिए प्रासंगिक जानकारी और आंकड़े जुटाने हेतु विभिन्न वेबसाइटों की भी खोज की है। मैंने प्रस्तुत जानकारी की सटीकता सुनिश्चित करने के लिए हर संभव प्रयास किया है और सभी स्रोतों का विधिपूर्वक उल्लेख किया है ताकि उनके योगदान को सम्मानित किया जा सके।

इन प्रयासों के बावजूद, अनजाने में त्रुटियाँ होने की संभावना बनी रहती है। मैं अपने पाठकों के विचारों को अत्यधिक महत्व देता हूँ और किसी भी ऐसी त्रुटि की पहचान करने और उसे सुधारने के लिए आपके फीडबैक का स्वागत करता हूँ। मैं आपसे आग्रह करता हूँ कि किसी भी प्रकार की विसंगतियों को मेरी जानकारी में लाएँ।

आपका फीडबैक न केवल स्वागत योग्य है बल्कि अत्यावश्यक भी है, क्योंकि गह वर्तमान संस्करण में सुधार लाने और भविष्य के संस्करणों की सामग्री को और बेहतर बनाने में मदद करेगा। मैं अपनी कृतियों में उच्चतम स्तर की सटीकता और विश्वसनीयता बनाए रखने के प्रति प्रतिबद्ध हूँ और आपके समर्थन और समझ के लिए धन्यवाद देता हूँ।

इसके अतिरिक्त, मैं संविधान के अनुच्छेद 19(1)(क) के तहत गारंटीकृत अभिव्यक्ति की स्वतंत्रता के सिद्धांत का दृढ़ता से पालन करती हूँ और अपने सभी पाठकों के विविध दृष्टिकोणों और अभिव्यक्तियों का सम्मान करता हूँ।

Other Books Of The Author

1. Empowering Minds: A Journey into Women's Self-Discovery and Power
2. The Dynamics of Motivation: Catalyzing Thought into Action
3. Meditation and Mental Well Being: The Path to Inner Peace and Clarity
4. The Psychology of Child Education: Nurturing Future Generations
5. Ethical Enlightenment: A Modern Guide to Living with Integrity
6. Voices of Empowerment: Stories of Women Rising Against Odds
7. Social Psychology in Everyday Life: Understanding Human Connections
8. The Essence of Motivational Speaking: Inspiring Change in Others
9. Balancing Acts: Women, Work, and the Will to Lead
10. Guiding with Grace: Raising Children with Compassion and Awareness
11. The Power of Positive Aging: Embracing Life After Fifty
12. Building Resilient Communities: Social Work in Action
13. The Ethical Educator: Principles for Teaching and Learning
14. Innovative solutions for Social Change: The Role of Social Psychology for crafting a Better World
15. The Ethics of Empathy: A Guide to Ethical Living
16. The Science of Empowering the Self: Navigating Life's Challenges with Psychological Wisdom
17. The Mindful Conscious Leader: Meditation Techniques for Modern Management
18. Pioneering Spirit: Women's Pathways to Leadership and Empowerment
19. Feeling to Healing: The Role of Emotional Intelligence in Child Development
20. Transformative Talks and Words of Inspiration: Insights into

67. Seeds of Empathy: Fostering Compassion in Young Hearts
68. The Reading Revolution: Inspiring a Love of Books in Children
69. The Learning Brain: Unlocking the Secrets of Student Success
70. Teaching for All: Differentiated Instruction Strategies
71. The Time Alchemist: Mastering Time Management for Peak Performance
72. The Resilience Factor: Transforming Setbacks into Stepping Stones
73. The Healing Touch of Nature: An Introduction to Naturopathy
74. Echoes of the Past: Healing Through Past Life Regression
75. The Spiritual Healer's Handbook: Exploring Energy Medicine
76. Crystal Clarity: Unveiling the Power of Gemstones
77. The Dream Weaver's Guide: Decoding the Language of Dreams
78. Emotional Alchemy: Transforming Pain into Power
79. Sonic Serenity: Harnessing Sound for Stress Relief
80. The Entrepreneur's Playbook: Launching Your Business with Confidence
81. Productivity Unleashed: Time Management Strategies for Entrepreneurs
82. The Problem Solver's Toolkit: Creative Solutions for Business Challenges
83. The Future is Now: Emerging Trends in Business
84. The Curious Explorer: A Child's Guide to Scientific Discovery
85. Digital Pioneers: Empowering Kids in the Tech World
86. The Young Philosopher's Guide: Exploring Life's Big Questions
87. Finding Your Voice: Communication Skills for Confident Kids
88. Nature's Playground: A Child's Guide to Outdoor Adventure
89. Growing a Greener Tomorrow: A Guide to Tree Planting & Conservation
90. Driving with Purpose: Ethical Choices on the Road
91. The Healing Touch: Cultivating Compassion in Healthcare
92. Navigating the Digital Landscape: Ethics in the Age of Social Media
93. The Ethical Closet: A Guide to Sustainable Fashion
94. The Mindful Voyager: Sustainable Travel Practices

Contact

Dr. Minakshi Bansal
Social Activist
Ahmedabad, Gujarat, Bharat
dhanyamfoundation@gmail.com

|| LOKAHA SAMASTHAHA SUKHINO BHAVANTU ||